高职高专新能源汽车专业"十三五"创新教材

新能源汽车电力电子技术

广东合赢教育科技股份有限公司　组编

主　编　冯　津　钟永刚
副主编　冯　阳　黄志鹏
主　审　齐建民

新能源汽车
电力电子技术

机械工业出版社

《新能源汽车电力电子技术》全面、系统地介绍了新能源汽车电路基础、新能源汽车电力电子元器件、新能源汽车电压转换电路、新能源汽车执行器、新能源汽车控制器及传感器的相关知识，主要内容包括IGBT、场效应晶体管、二极管等电力电子基础元件工作原理及其在新能源汽车上的应用，新能源汽车高压系统电压转换电路、电池充放电工作原理与波形检测，新能源汽车电机驱动电路系统认知及检测，新能源汽车控制系统转速、电流及位置传感器的认知。本书配有二维码视频及PPT课件。

本书通俗易懂，图文并茂，有利于激发学生的学习兴趣，适合中高职新能源汽车专业及汽车相关专业的学生使用，还可供汽车售后服务顾问、保险理赔员、维修技师及其他汽车行业人员阅读参考。

本书配备教学课件，选用本书作为教材的教师可在机械工业出版社教育服务网（www.cmpedu.com）注册后免费下载；或添加客服人员微信获取（微信号码：13070116286）。

图书在版编目（CIP）数据

新能源汽车电力电子技术 / 冯津，钟永刚主编；广东合赢教育科技股份有限公司组编 .—北京：机械工业出版社，2019.10（2025.1 重印）
高职高专新能源汽车专业创新教材
ISBN 978-7-111-64438-5

Ⅰ.①新… Ⅱ.①冯… ②钟… ③广… Ⅲ.①新能源 – 汽车 – 电力电子技术 – 高等职业教育 – 教材 Ⅳ.① U469.7

中国版本图书馆 CIP 数据核字（2019）第 291512 号

机械工业出版社（北京市百万庄大街22号　邮政编码100037）
策划编辑：齐福江　责任编辑：齐福江
责任校对：樊钟英　封面设计：鞠　杨
责任印制：任维东
天津市银博印刷集团有限公司
2025 年 1 月第 1 版第 13 次印刷
184mm×260mm · 10 印张 · 256 千字
标准书号：ISBN 978-7-111-64438-5
定价：49.00 元

电话服务　　　　　　　　　网络服务
客服电话：010-88361066　　机 工 官 网：www.cmpbook.com
　　　　　010-88379833　　机 工 官 博：weibo.com/cmp1952
　　　　　010-68326294　　金　书　网：www.golden-book.com
封底无防伪标均为盗版　　　机工教育服务网：www.cmpedu.com

高职高专新能源汽车专业"十三五"创新教材
编 委 会

主任委员：冯津　广东合赢教育科技股份有限公司
副主任委员：
　　吴荣辉　珠海笛威汽车学院
　　齐福江　机械工业出版社
　　许　云　襄阳汽车职业技术学院
　　陈文均　贵州交通技师学院
　　王　毅　贵州交通职业技术学院
委员：

单位	委员
广东合赢教育科技股份有限公司	陈进标、罗永志
深圳技师学院	李清明
顺德职业技术学院	张斌、赵良红
贵州交通职业技术学院	王强
六盘水职业技术学院	朱德桥、朱博
广州城市职业学院	温炜坚
广州铁路职业技术学院	郑毅
中山职业技术学院	齐建民
东莞职业技术学院	巩航军、刘存山
珠海城市职业技术学院	黄关山
襄阳汽车职业技术学院	包科杰
广东农工商职业技术学院	黄军辉
黔南民族职业技术学院	万东操
江西交通职业技术学院	官海兵
陕西交通职业技术学院	任春晖、彭小红
云南工业技师学院	彭韬、戴荣航
云南德宏师范高等专科学校	段碧涛
安宁市职业高级中学	蔡春华
曲靖高级技工学校	栾增能
深圳市第二职业技术学校	李世川、孙兵凡
顺德中等专业学校	郭建英、赵鹏媛
深圳市龙岗职业技术学校	邱伟聪、易小彪
深圳泽然浩比亚迪新能源4S店	潘斌双

丛书主审：冯津

FOREWORD
前 言

　　汽车产业的快速发展带来了能源危机和环境污染，这也成为限制汽车行业发展的主要瓶颈，因此新能源汽车产业是国家重点发展和大力扶持的产业。

　　由于国家政策的扶持，新能源汽车得到飞速发展，新能源汽车后市场将需要大量的销售、维修及其他相关方面的人才。教育服务于市场，领先于市场，针对几年后新能源汽车专业技术人员的井喷需求，职业院校必须提前培养新能源汽车专业人才，为今后的新能源汽车后市场储备人才。

　　为此，我们组织新能源汽车一线培训专家、维修技师及职业院校资深教师编写了这套高职高专新能源汽车专业"十三五"创新教材。本套教材以新能源汽车的认识、使用和维修为主导方向，改变新能源汽车教材过度偏向理论的缺点，使之贴近实际及职业教育的特点。

　　《新能源汽车电力电子技术》系统性介绍了新能源汽车电力电子知识，共包括五个项目：项目一新能源汽车电路基础，介绍电流对人体的作用、欧姆定律，使学生具备学习新能源汽车电力电子技术的基础知识；项目二新能源汽车电力电子元器件，介绍超级电容原理与应用、线圈基本原理与应用、二极管原理与应用、场效应晶体管原理与应用和IGBT原理与应用，使学生了解和认识新能源汽车电力电子常用元件的相关知识；项目三新能源汽车电压转换电路，介绍DC/DC电路原理与应用、三相交流电整流电路原理、单相变三相电路原理、电源供电电路原理、锂离子蓄电池充放电电路原理和太阳能电池板原理，使学生了解和认识新能源汽车高压系统电路转换的相关知识；项目四新能源汽车执行器，介绍了高压上电过程控制、直流电机控制电路原理与应用、三相电机控制原理，使学生了解和认识新能源汽车电机驱动的相关知识；项目五新能源汽车控制器及传感器，介绍了磁电位置传感器原理与应用、霍尔传感器原理与应用、热敏电阻原理与应用、CAN总线控制原理，使学生了解和认识新能源汽车电子控制的相关知识。

　　本书尽量采用实物照片，图文并茂，形式生动活泼，有利于激发学生的学习兴趣，适合中高职新能源汽车专业及汽车相关专业的学生使用，同时还可供汽车售后服务顾问、维修技师、保险理赔员以及其他汽车行业人员阅读参考。课前预习视频请扫封底合赢公司二维码下载。

　　本书由广东合赢教育科技股份有限公司组编，冯津、钟永刚担任主编，冯阳、黄志鹏担任副主编，齐建民主审，参编人员有郑燕、黄军辉、陈森、罗永志、王亮、严雪慧、顾惠烽、惠志强。

　　在编写本书过程中，参考了大量国内外相关文献及汽车厂家的培训课件等资料，在此向有关作者及汽车厂家表示最真诚的感谢！限于编者的技术水平，书中难免存在不当之处，敬请广大读者批评指正。

编　者

目录 CONTENTS

前　言

项目一　新能源汽车电路基础 ... 1
- 任务一　电流对人体的作用 ... 1
- 任务二　欧姆定律 ... 8

项目二　新能源汽车电力电子元器件 ... 17
- 任务一　超级电容原理与应用 ... 17
- 任务二　线圈基本原理与应用 ... 24
- 任务三　二极管原理与应用 ... 35
- 任务四　场效应晶体管原理与应用 ... 44
- 任务五　IGBT 原理与应用 ... 53

项目三　新能源汽车电压转换电路 ... 61
- 任务一　DC/DC 电路原理与应用 ... 61
- 任务二　三相交流电整流电路原理 ... 70
- 任务三　单相变三相电路原理 ... 76
- 任务四　电源供电电路原理 ... 82
- 任务五　锂离子蓄电池充放电电路原理 ... 88
- 任务六　太阳能电池板原理 ... 94

项目四　新能源汽车执行器 ... 100
- 任务一　高压上电过程控制 ... 100
- 任务二　直流电机控制电路原理与应用 ... 106
- 任务三　三相电机控制原理 ... 114

项目五　新能源汽车控制器及传感器 ... 121
- 任务一　磁电位置传感器原理与应用 ... 121
- 任务二　霍尔传感器原理与应用 ... 126
- 任务三　热敏电阻原理与应用 ... 138
- 任务四　CAN 总线控制原理 ... 145

参考文献 ... 153

项目一 新能源汽车电路基础

任务一 电流对人体的作用

一、任务目标

- ◆ 叙述电流对人体的危害，并能解释人体触电的原因。
- ◆ 会使用实训板模拟触电、验证人体对不同电流大小的反应。
- ◆ 会使用高压电防护用具进行安全操作。
- ◆ 正确规范地使用实训板，养成良好的新能源汽车维修职业素养。

二、课前资讯

由老师播放 1.1.1 视频，然后完成以下题目。

评分规则：每空 1 分，少填、错填一空扣 1 分，共 5 分。得分：_____

1）触电事故分为"电击"和"电伤"。　　　　　　　　　　　　　　　　　　（　　）
2）一般规定人体能承受的安全电压为 36V 以下。　　　　　　　　　　　　（　　）
3）同样的电压，交流电的伤害要比直流电大很多。　　　　　　　　　　　（　　）
4）对人体造成伤害的是电流。　　　　　　　　　　　　　　　　　　　　（　　）
5）在人体电阻一定的情况下，电压越高，流经人体的电流越小。　　　　　（　　）

三、任务导入

随着新能源汽车的日益普及，电在汽车领域中的应用也日渐广泛。新能源汽车的工作电压是数百伏的高压电，远远超过人体所能承受的 36V 安全电压。因此，在新能源汽车维修过程中，若操作不当，小则损坏汽车，大则危及人身安全。

本任务实训通过搭建电路，在安全的前提下模拟人体对不同大小电流的电击反应，以此感知高压电的危害，并通过规范的操作，养成良好的职业素养。

四、知识准备

知识链接 1：人体电阻的大小

人体本身是一个导电体，相当于一个电阻，如图 1-1-1 所示。人体电阻的大小是影响触电后人体受到伤害程度的重要物理因素，但其阻值并不是一个固定的数值，一般情况下，干燥的皮肤在低电压下具有比较高的电阻，阻值大约为100kΩ。当电压高达数百伏时，人体电阻便下降为1kΩ左右。影响人体电阻的因素有人体触电面积、身体状况、皮肤干燥程度等。

知识链接2：人体的安全电压

人体相当于一个电阻，流过人体的电流大小与外加电压有关。因为每一个人的体质不同，所以人体的电阻也不相同，同时还有环境等影响因素，也会影响人体电阻的大小。因此，为了确保安全，我们不规定安全电流大小，而是规定安全电压，把36V以下的电压规定为安全电压。

知识链接3：人体触电的条件

人体触电的前提条件是人体成为电流回路中的一部分，电流流过人体后对人体造成伤害。

触电一般分为两种情况：一种是人接触到直流电导致触电，另一种是人接触到交流电而导致触电。直流触电的原因是人体接触电路的正负极，直接构成回路，触电的安全电压在36V以下。交流触电（图1-1-2）是人体接触电源相线（俗称火线），与大地形成了回路，或人体同时接触了相线和中性线（俗称零线），形成了回路导致触电。

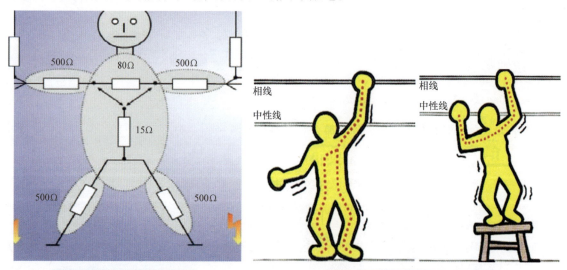

图1-1-1 人体电阻分布图　　　　图1-1-2 交流触电的两种类型

知识链接4：电对人体的伤害以及相关影响因素

触电是指人体内有电流通过。电流通过人体而造成伤害有两种情况：一是电击，二是电伤。电击是电流通过人体内部，使人体组织受到伤害。这种伤害的危险性很大，使人的心脏、呼吸系统和脑神经系统都受到损伤，甚至导致死亡。电伤是电流对人体外部造成的伤害，有烧伤、电烙印和皮肤金属化等几种伤害，电伤比电击对人的伤害要小。

触电时，高压电流能使组织坏死并引起大面积肌肉烧伤，将大量的血液电解，造成中枢神经系统强烈失调而导致死亡。

影响触电危险性的因素有多种，例如：电流的种类、电流的强度、触电的持续时间、身体触电部位的电阻、电流流过人体的路径和环境的湿度等。一般情况下，直流电比交流电的危险性小。因为直流电会引起肌肉收缩，迫使肢体摆脱触电点。而交流电引起触电部位肌肉僵直，往往妨碍肢体脱离电源，从而使触电时间延长，导致严重的烧伤。常见的触电部位是手，电流流出身体的部位绝大多数是脚,因为电流从一只手臂流到另一只手臂或者从手臂流到脚(图1-1-3),都要经过内脏,所以触电会引起呼吸停止、心率紊乱,程度严重的会直接导致死亡。

> **知识链接 5:人体对不同大小电流的反应**

当通过人体的交流电流超过10mA、直流电流超过8mA时,人就很难摆脱带电体,就会有生命危险。电流流过人体时对人体造成的伤害见下表。

图1-1-3 人体触电示意图

电流流过人体时对人体造成的伤害

电流 /mA	作用特征	
	50~60Hz 交流电	直流电
0.6~1.5	开始有感觉,手轻微颤抖	手指开始有发麻的感受
2~3	手指强烈颤抖	手指有强烈的发麻感受
5~7	手部痉挛	手指肌肉轻微抖动,手指刺痛
8~10	手难以摆脱电极但还能摆脱,手指尖到手腕剧痛	手指关节轻微疼痛,手指不受控制,离不开电源
20~25	手迅速麻痹,不能摆脱电极,剧痛,呼吸困难	手指剧烈疼痛,呼吸急促,无法控制离开电源
50~80	呼吸麻痹,心房开始振颤	呼吸麻痹,头发惜,有强烈的灼痛,呼吸困难
90~100	呼吸麻痹,持续3s就会造成心脏麻痹	呼吸困难,心脏跳动紊乱或者停止跳动
300以上	作用0.1s以上呼吸和心脏麻痹,机体组织遭到电流的热破坏	

> **知识链接 6:常用的电击防护用具**

虽然新能源汽车设计有防触电功能,但是事故车辆的高压动力蓄电池总成及控制系统还是存在高压电危险。绝缘是最好的防电击伤害的办法,使用不导电的防护用具将身体保护起来,隔绝电流的导通,以此来达到预防电击的目的。在进行新能源汽车的保养或维修时,一定要穿戴好安全防护用具。对车辆进行检修前,要注意检查工具有没有破损漏电的地方。常用的电击防护用具有绝缘手套、绝缘鞋、绝缘工具套组、护目镜等,如图1-1-4所示。

| 绝缘手套 | 护目镜 | 绝缘鞋 | 绝缘工具套组 |

图1-1-4 常用的电击防护用具

> **知识链接 7:触电后的解救措施**

人体不幸触电以后,可能由于痉挛或失去知觉而紧抓导电体,自己无法摆脱电源,抢救触电者的首要任务就是使触电者迅速脱离电源。脱离电源的方法包括戴绝缘手套将触电人员脱开，或者切断高压电源。总之，要灵活运用各种方法，快速切断电源，防止事故扩大。

发生触电事故时，在保证救护者本身安全的同时，必须先设法使触电者迅速脱离电源，然后进行以下抢救工作。

1）解开妨碍触电者呼吸的紧身衣服。

2）检查触电者的口腔，清理口腔的黏液，如有假牙，则取下。

3）立即就地进行抢救，如呼吸停止，采用口对口人工呼吸法抢救；若心脏停止跳动或不规则颤动，可进行人工胸外挤压法抢救，绝不能无故中断。

1.1.2 可调电压锂电池模块认知

1.1.3 实训板认知

五、任务实施

1. 实训设备认知

评分规则：每空 0.5 分，少填、错填一空扣 0.5 分，共 17 分。得分：_____

在标号对应空格处填写实训板组成部件的名称及作用。

实训板	序号	名称	作用
	1		
	2		
	3		
	4		
	5		
	6		
	7		
	8		
	9		
	10		
	1		
	2		
	3		
	4		
	5		
	6		
	7		

2. 实训设备检查与准备

> 评分规则：每项 1 分，少填、错填一项扣 1 分，共 19 分。得分：_____

检查设备并规范操作后填写下表。

设备	检查	结果 是否正常？
可调电压锂电池模块	目测锂电池是否鼓包、损坏	是□ 否□
	目测电压表、电容及相关元件	是□ 否□
	模块电源开关工作情况	是□ 否□
	通电检查电压表显示情况，电池电压是否在 10V 以上	是□ 否□
	通电检查电压调节旋钮工作情况	是□ 否□
	充电连接口是否牢固、污损	是□ 否□
	显示切换按钮工作情况	是□ 否□
	保护指示灯是否点亮	是□ 否□
	异常记录	
电流对人体的作用实训板	实训板电源接口是否牢固、污损	是□ 否□
	触摸电极是否有脏污、损坏	是□ 否□
	检查电流调节旋钮工作情况	是□ 否□
	目测升压变压器线圈外观是否牢固、损坏	是□ 否□
	通电检查电流、电压、电阻表工作情况	是□ 否□
	异常记录	
导线	目测外观有无破损，用万用表检查通断情况	是□ 否□
	阻值：(　　) Ω	是□ 否□
	异常记录	

3. 识读电路图

> 评分规则：每空 1 分，少填、错填一空扣 1 分，共 1 分。得分：_____

识读电路图 1-1-5。

手指触摸实训板模块的电极，模拟人体触电情况：电流经电源内阻 R_1 后，通过人体接触电极的两端，从而使人产生触电反应。

电流表与人体是_____（并联/串联）关系，电流表显示通过人体电流的大小。

通过改变可调电阻接入电路的阻值，从而改变电路的电流，可验证不同大小的电流对人体的作用。

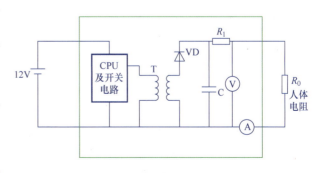

图 1-1-5　电路图

4. 电路搭建及验证

得分：_____ 评分规则：填空 1 空 1 分，少填、错填一项扣 1 分，共 35 分。结论一空 2 分，视情况可扣 0~2 分，共 4 分；正确连接电路图得 4 分，视情况可扣 0~4 分，共 4 分；总分 43 分。

1.1.4 实训板操作

根据电路图正确连接电路模块。
图 1-1-6 为模块和实训板。

注意：连接电路前，确认电源开关处于断开状态。接线无误后，检查导线安装是否牢靠。

（1）探究触电时人体不同接触面积的条件下，人体电阻的变化情况。

接通电源后，确认可调电阻调到最左侧，左手的食指和中指分别触碰电极两端。建议调到 300μA 左右，在保持手指触碰电极的情况下，适当改变手指与电极的接触面积。当接触面积大时，流过人体的电流是_____μA=_____mA=_____A，人体的电阻是_____Ω=_____kΩ=_____MΩ；当接触面积小时是_____μA，人体的电阻是_____Ω。

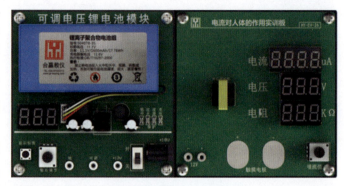

图 1-1-6 模块和实训板

由此实验可知，_____。

（2）探究电流通过不同路径流经人体的条件下，人体电阻的变化情况。

接通电源后，确认可调电阻调到最左侧，左手的食指和右手食指分别触碰电极两端。建议调到 300μA 左右，流过人体的电流是_____μA，人体的电阻是_____Ω。

确认可调电阻调到最左侧，两人牵手后分别将左手的食指触碰电极两端。建议调到 300μA 左右，流过人体的电流是_____μA，两个人的人体电阻是_____kΩ。

由此实验可知，_____。

（3）探究在电压高低不同的条件下，人体对电流的感受。

接通电源，用食指和小指触摸电极，缓慢转动旋钮控制电压，记录电流流经人体的电流值及描述人体的感觉。

12V 时，流经人体的电流为____μA，人体电阻为____kΩ；
24V 时，流经人体的电流为____μA，人体电阻为____kΩ，人体的感受是_____；
36V 时，流经人体的电流为____μA，人体电阻为____kΩ 人体的感受是_____；
48V 时，流经人体的电流为____μA，人体电阻为____kΩ 人体的感受是_____；
60V 时，流经人体的电流为____μA，人体电阻为____kΩ 人体的感受是_____；
72V 时，流经人体的电流为____μA，人体电阻为____kΩ 人体的感受是_____。

特别说明：有心脏病，或配有心脏起搏器和助听器的学员，禁止操作。

由此实验可知，电压在_____V以下无明显的感觉，电压在_____V有明显的发麻感觉，但可以忍受；电压在_____V以上，有强烈刺痛感觉，难以忍受。

综上实验数据可以得出，因为每个人的人体电阻大小影响因素很多，所以能承受的安全电压也不固定。本次实验你所能承受的电压在_____V，这个电压与国家标准安全电压基本符合。

注意说明： 实训板为直流实验且生产设计符合安全标准，为了保证安全，不建议另外做交流实验。

（4）验证开路条件下，电流对人体的作用。

单手食指触摸正电极，缓慢转动旋钮，观察电压、电流、电阻的变化。由此可知，在没有构成_____的前提下，此时没有电流流经人体，人体是没有感觉的。所以对新能源汽车进行检修时，禁止人体与高压正负极构成回路，检修高压作业前一定要拔下维修塞，进行断电处理。

（5）验证穿戴防护用品条件下，电流对人体的作用。

单手穿戴防护手套，食指与中指触摸电极，缓慢转动旋钮，观察电压、电流、电阻的变化。由此可知，在没有构成_____的前提下，此时没有电流流经人体，人体是没有感觉的。所以对新能源汽车高压系统进行检修时要穿戴防护用品。

六、5S 检查

得分：_____ 评分规则：每项1分，少填、错填一项扣1分，共5分。

5S 待完成步骤	结合完成情况打勾
关闭电池开关，正确拆除导线	完成☐ 未完成☐
检查设备完好情况以及电池电量	完成☐ 未完成☐
清洁设备并归位	完成☐ 未完成☐
清洁实训工位	完成☐ 未完成☐
整理实训工单	完成☐ 未完成☐

七、课后习题

得分：_____ 评分规则：每空1分，少填、错填一空扣1分，共10分。

1. 选择题

（1）以下哪一项不是触电后出现的征兆？（　　　）

A. 呼吸困难　　　B. 手指刺痛　　　C. 有强烈的灼痛　　　D. 听力受损

（2）根据安全标准，目前人体所能承受的安全电压为（　　　）。

A. 10V　　　B. 36V　　　C. 30V　　　D. 48V

（3）人体电阻与以下哪种因素有关？（　　　）

A. 人体触电面积　　B. 皮肤干燥程度　　C. 身体状况　　D. A、B、C 三项

（4）高压电路的检修，需要佩戴（　　　）。

A. 绝缘手套　　　　B. 护目镜　　　　C. 绝缘工作鞋　　　　D. A、B、C 三项

（5）技术员甲说：人体触电时，是电压对人体造成伤害。技术员乙说：人体触电时，是电流通过人体时造成的伤害。他们两人谁说的对？（　　）

A. 甲对　　　　B. 乙对　　　　C. 两人都对　　　　D. 两人都不对

2. 判断题

（1）在任何环境下，36V 都是安全电压。　　　　　　　　　　　　　　　　　（　　）

（2）电流大小相同的情况下，直流电比交流电造成的伤害更大。　　　　　　　（　　）

（3）对新能源汽车高压电路进行检修时，绝缘手套使用前可以不用检查是否破损。（　　）

（4）在作业时有人发生了触电，要先断开主电源，再进行施救。　　　　　　　（　　）

（5）人体电阻的大小因人而异。　　　　　　　　　　　　　　　　　　　　　（　　）

评分汇总

项　目		分　数	
		总分	得分
一、课前资讯		5	
二、任务实施	1. 实训设备认知	17	
	2. 实训设备检查与准备	19	
	3. 识读电路图	1	
	4. 电路搭建及验证	43	
三、5S 检查		5	
四、课后习题		10	
任务总分		100	

任务二　欧姆定律

一、任务目标

◆ 知道什么是电压、电阻、电流。
◆ 理解欧姆定律与串并联电路特点。
◆ 能够通过实训使用电压表测量电阻电压，使用电流表测量电阻电流，并正确地做出分析。
◆ 正确规范地使用实训板，养成良好的新能源汽车维修职业素养。

二、课前资讯

由老师播放 1.2.1 视频，然后完成以下题目。

得分：_____　评分规则：每空 1 分，少填、错填一空扣 1 分，共 5 分。

1）欧姆定律是以人名命名的自然现象规律。　　　　　　　　　　　　（　　）
2）欧姆定律包括电路中电压、电流和电阻三者之间的关系。　　　　（　　）
3）欧姆定律规定电路中电流大小与电压成正比，与电阻成正比。　　（　　）
4）电路中即使没有电压也会产生电流。　　　　　　　　　　　　　（　　）
5）电阻的阻值是本身存在的，与有无电流通过没有关系。　　　　　（　　）

三、任务导入

新能源汽车电路模块的数量繁多，而且模块内部的电路非常复杂，因此故障排查的难度大。要从事新能源汽车维修，要求维修人员学会利用欧姆定律来分析电路，并准确地判断电路的故障原因。

本任务实训通过搭建电路分析电路中的电流与电压、电阻的相互关系，以此来验证欧姆定律；利用欧姆定律来分析电路问题，并通过规范的操作，养成良好的职业素养。

四、知识准备

知识链接1：电阻的认知

电阻是电路中最基础的电子元件，对电流的流动起阻碍作用。电阻的阻值反映的是电阻对电流阻碍能力的强弱，影响阻值大小的因素有电阻材料、长度、横截面面积、温度等。电阻的文字符号是 R，电路图形符号是"——▭——"，常用的阻值单位有欧姆（Ω）、千欧（kΩ）和兆欧（MΩ），之间的换算关系为 $1MΩ=10^3 kΩ=10^6 Ω$，可以使用万用表电阻档直接测量电阻。

除固定电阻器外，常见的还有滑动变阻器，图形符号为"——▭——"，其工作原理是通过移动滑片改变电路中接入电阻的大小。

知识链接2：电压的认知

电流之所以能够在导线中流动，是因为在电路中有高电位和低电位之间的差别，这种差别叫电位差，也叫电压。换句话说，在电路中，任意两点之间的电位差称为这两点的电压，如图1-2-1所示。

电压的符号是 U，单位是伏特，简称伏，用符号V表示。常用的电压单位还有毫伏（mV）和千伏（kV），它们之间的换算关系为 $1kV=10^3 V=10^6 mV$。

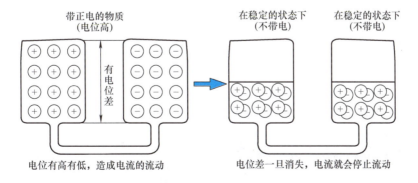

图1-2-1　电压的概念

知识链接 3：电流的认知

导体中的自由电荷在电场力的作用下做有规则的定向运动就形成了电流。单位时间内通过导体任一横截面的电量叫作电流，通常用符号 I 或 i 表示。每秒通过导体的电子越多，电流越大。电流可用水流类比，如图 1-2-2 所示。

电流的单位是安培，简称安，用符号 A 表示。常用的电流单位还有毫安（mA）和微安（μA），它们之间的换算关系为 $1A=10^3 mA=10^6 \mu A$。

电流的方向是由正极到负极，与电子实际运动方向相反，如图 1-2-3 所示。

图 1-2-2 电流的类比

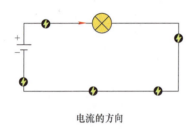

电流的方向

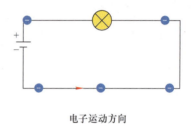

电子运动方向

图 1-2-3 电流的方向

知识链接 4：欧姆定律

在同一电路中，导体中的电流与导体两端的电压成正比，与导体的电阻成反比，这就是部分电路欧姆定律（图 1-2-4）。欧姆定律的表达公式：$I = \dfrac{U}{R}$，其中 I、U 和 R 分别是同一部分电路中同一时刻的电流强度、电压和电阻，单位分别是安培（A）、伏特（V）、欧姆（Ω）。

根据欧姆定律的推导公式 $R = \dfrac{U}{I}$，测出待测电阻两端的电压和流过的电流，就可以求出导体的电阻，这种测量电阻的方法叫伏安法。

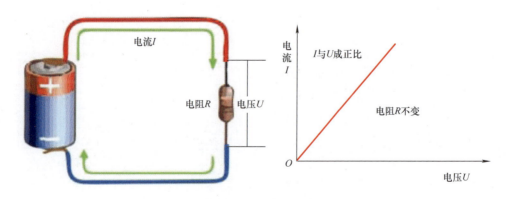

图 1-2-4 部分电路欧姆定律

知识链接 5：并联电路的特点

并联电路（图 1-2-5）是指在电路中，所有电阻（或其他电子元件）的输入端和输出端分别被连接在一起。其特点是：电路的总电流等于各支路电流之和，而且并联电路中各支路两端的电压相等。即从电源正极流出的电流分别流到各支路，每一支路都有电流流过，因此即使某一支路断开，其他支路仍会与干路构成回路。

由此可见，在并联电路中，各个支路之间互不牵连，即使其中某一支路发生断路故障，也不会影响其他支路用电设备的正常工作。

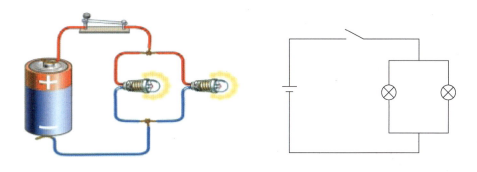

图 1-2-5 并联电路

知识链接 6：串联电路的特点

串联电路（图 1-2-6）是电路中各个元件被导线逐次连接起来的电路。其特点是：电路中电流大小处处相等，电流方向处处相同。在串联电路中，因为电流的路径只有一条，所以从电源正极流出的电流将依次逐个流过各个用电设备，最后回到电源负极。因此在串联电路中，如果有一个用电设备损坏或某一处断开，整个电路将变成断路，电路就会无电流流动，所有用电设备都将停止工作。所以在串联电路中，各个用电设备互相牵连，只要某一处出现断路故障，将使串联电路中所有的用电设备无法工作。

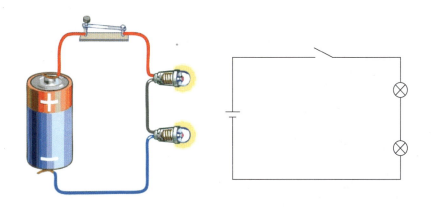

图 1-2-6 串联电路

五、任务实施

1. 实训设备认知

得分：_____ 评分规则：每空 0.5 分，少填、错填一空扣 0.5 分，共 14 分。

1.2.2 实训板认知

在标号对应空格处填写实训板组成部件的名称及作用。

实 训 板	序号	名 称	作 用
欧姆定律特性实训板	1		
	2		
	3		
	4		
直流电流表	1		
	2		
	3		
	4		
	5		
直流电压表	1		
	2		
	3		
	4		
	5		

2. 实训设备检查与准备

得分：＿＿＿＿＿　　**评分规则：** 每项 1 分，少填、错填一项扣 1 分，共 13 分。

检查设备并规范操作后填写下表。

实训设备检查表

设备	检查	结果 是否正常？
欧姆定律特性实训板	目测调节旋钮情况	是□ 否□
	目测 SM100J 元件情况	是□ 否□
	连接口是否牢固、污损	是□ 否□
	异常记录	
直流电流表 直流电压表	实训板电源接口是否牢固、污损	是□ 否□
	显示器是否正常	是□ 否□
	通电检查电流表显示情况	是□ 否□
	通电检查电压表显示情况	是□ 否□
	异常记录	
导线	目测外观无破损，用万用表检查通断情况	是□ 否□
	阻值：(　　) Ω	是□ 否□
	异常记录	

3. 识读电路图

得分：＿＿＿＿＿　　**评分规则：** 每空 1 分，少填、错填一空扣 1 分，共 4 分。

识读电路图 1-2-7。

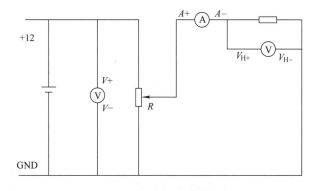

图 1-2-7　电路图

电源的 12V 电压经过可调电阻 R 分压后，对电阻供电，其电流流动方向：电源正极→可调电阻 R → _____ → _____ →电源负极。其中：

电流表与电阻是_____（串联/并联）的关系，通过电流表示数可以读出流过电阻的电流大小。

电压表与电阻是_____（串联/并联）的关系，通过电压表示数可以读出电阻两端的电压大小。

通过改变可调电阻 R 接入电路的电阻值，从而改变电阻两端的电压，记录此时电阻两端电压值和流过电阻的电流值，根据欧姆定律推导式 $R=U/I$ 可以计算电阻阻值。

1.2.3 实训板操作

4. 电路搭建及验证

> 得分：_____ 评分规则：每空2分，少填、错填一空扣2分，共36分；结论3分一项，视情况可扣0~3分，共6分；正确绘制电阻特性图得4分，视情况可扣0~4分，共4分；正确连接电路图得3分，视情况可扣0~3分，共3分；总分49分。

根据电路图正确连接电路模块。图1-2-8为模块和实训板。

注意：连接电路前，确认电源开关处于断开状态。接线无误后，检查导线安装是否牢靠。

（1）探究电阻值大小不变条件下，电压与电流的关系。

接通电源后，确认可调电阻调到最左侧，缓慢转动旋钮来控制电压的变化，记录电阻两端的电压值与相应的电流值，并根据欧姆定律计算出其电阻值。

电阻两端电压为2V时，流经电阻的电流为____μA；

电阻两端电压为4V时，流经电阻的电流为____μA；

电阻两端电压为6V时，流经电阻的电流为____μA；

电阻两端电压为8V时，流经电阻的电流为____μA；

电阻两端电压为10V时，流经电阻的电流为____μA。

由此实验可知，_____。

（2）根据所记录的数据，绘制电阻特性图（图1-2-9）。

图1-2-8 模块和实训板

图1-2-9 绘制电阻特性图

由实验可以发现，电阻值不变的条件下，两端的电压越高，电流就越_____（大/小），电压与电流是成____（正比/反比）的关系。

（3）验证欧姆定律，利用 $R = \dfrac{U}{I}$ 计算电阻值。

使用万用表实际测量实训板上的电阻，电阻值为____Ω。

电阻两端电压为 2V 时，流经电阻的电流为____μA，计算所得的阻值为____Ω；

电阻两端电压为 4V 时，流经电阻的电流为____μA，计算所得的阻值为____Ω；

电阻两端电压为 6V 时，流经电阻的电流为____μA，计算所得的阻值为____Ω；

电阻两端电压为 8V 时，流经电阻的电流为____μA，计算所得的阻值为____Ω；

电阻两端电压为 10V 时，流经电阻的电流为____μA，计算所得的阻值为____Ω。

由此实验可知，_____。

六、5S 检查

得分：_____ 评分规则：每项 1 分，少填、错填一项扣 1 分，共 5 分。

5S 待完成步骤	结合完成情况打勾
关闭电池开关，正确拆除导线	完成☐ 未完成☐
检查设备完好情况以及电池电量	完成☐ 未完成☐
清洁设备并归位	完成☐ 未完成☐
清洁实训工位	完成☐ 未完成☐
整理实训工单	完成☐ 未完成☐

七、课后习题

得分：_____ 评分规则：每空 1 分，少填、错填一空扣 1 分，共 10 分。

1. 选择题

（1）下列哪个符号表示的是电阻的单位？（   ）

A. Ω　　　　　B. V　　　　　C. A　　　　　D. kW

（2）欧姆定律可以表示为（   ）。

A. 电流等于电压乘以电阻　　　　B. 电压等于电流乘以电阻

C. 电阻等于电流除以电压　　　　D. 电压等于电流的二次方乘以电阻

（3）如果电阻两端的电压增加 1 倍，则流过电阻的电流会（   ）。

A. 不变　　　B. 增加 1 倍　　　C. 减少一半　　　D. 不确定

（4）使用万用表测量一条导线的电阻值，万用表显示无穷大，则表示导线（   ）。

A. 断路　　　B. 短路　　　C. 正常　　　D. 不确定

（5）在一个电路中，在 40Ω 电阻器两端施加 20V 的电压，则电流等于（   ）。

A. 0.5A　　　B. 1A　　　C. 60A　　　D. 30A

2. 判断题

（1）电阻材料影响阻值的大小。　　　　　　　　　　　　　　　　　　　　（   ）

（2）流经电阻的电流与其两端的电压成正比。　　　　　　　　　　　　　　（   ）

（3）导体两端的电压为零时，其电阻也为零。　　　　　　　　　　（　　）
（4）并联电路中，各支路的电流相等。　　　　　　　　　　　　　（　　）
（5）串联电路中，电流方向处处相同。　　　　　　　　　　　　　（　　）

评分汇总

项　　目		分数	
		总分	得分
一、课前资讯		5	
二、任务实施	1. 实训设备认知	14	
	2. 实训设备检查与准备	13	
	3. 识读电路图	4	
	4. 电路搭建及验证	49	
三、5S 检查		5	
四、课后习题		10	
任务总分		100	

项目二　新能源汽车电力电子元器件

任务一　超级电容原理与应用

一、任务目标

- ◆ 能够描述电容的作用。
- ◆ 知道电容与超级电容的不同点。
- ◆ 能理解超级电容的基本结构与工作原理。
- ◆ 能使用示波器测量超级电容充放电的波形,分析出其工作特性。
- ◆ 正确规范地使用实训板,养成良好的新能源汽车维修职业素养。

二、课前资讯

由老师播放 2.1.1 视频,然后完成以下题目。

得分：_____　评分规则：每空1分,少填、错填一空扣1分,共5分。

1) 超级电容的作用类似于蓄电池。　　　　　　　　　　　　　(　　)
2) 超级电容的电容量非常小。　　　　　　　　　　　　　　　(　　)
3) 超级电容的充放电速度非常快。　　　　　　　　　　　　　(　　)
4) 超级电容的制造成本比普通的锂电池的成本高。　　　　　　(　　)
5) 超级电容与普通的电容结构和材料一样。　　　　　　　　　(　　)

三、任务导入

超级电容是发展比较迅速的一种新型储能装置,广泛应用在新能源汽车制动能量回收系统中。新能源汽车在制动或减速的过程中,通过电机将汽车动能转换成电能,并储存在超级电容内。汽车重新起步或加速时,超级电容和动力蓄电池同时对电机供电。

本任务实训通过搭建电路,认识超级电容充放电过程,学习超级电容的原理以及特性,并通过规范的操作,养成良好的职业素养。

四、知识准备

知识链接1：电容的认知

电容是电容器的简称,是电子电力领域中不可缺少的电子元件,主要用于电源滤波、信号

滤波、信号耦合、谐振、隔直流等电路中。电容最常见的结构就是两块平行金属板，如图2-1-1所示。两块金属板（一般称为极板）之间不导通，极板之间的绝缘材料可以是空气、油等绝缘物。

同时，电容也是表征电容器储存电荷能力的物理量，一般记为C，国际单位是法拉（F）。如果一个电容器储存1C的电荷量时，两极板间的电势差是1V，则这个电容大小为1F，即$C=Q/U$。

电容的大小不是由Q（带电量）或U（电压）决定的，它与电容极板的面积S、极板间距d和极板间的绝缘介质有关。一般来说，极板面积越大，极板间距越小和极板间介质绝缘性越好，则电容越大。常见的平行板电容器，电容的计算公式为$C=\varepsilon S/d$，ε为极板间介质的介电常数，S为极板面积，d为极板间的距离。

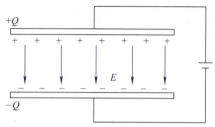

图2-1-1　电容的结构

知识链接2：电容的充放电过程

充电过程：电容与直流电源相接，如图2-1-2所示。电路中有电流流动，两块极板分别获得数量相等、正负相反的电荷量。电容充电过程中，其两端的电压U_C逐渐增大。一旦电容两端电压U_C与电源电压U相等，充电完成，此时电路中的电流停止流动，电路可视为开路。

放电过程：电容与电源断开，并连接到电阻R_D，电容通过电阻R_D进行放电，两块极板之间的电压将会逐渐下降为零，$U_C = 0$，如图2-1-3所示。

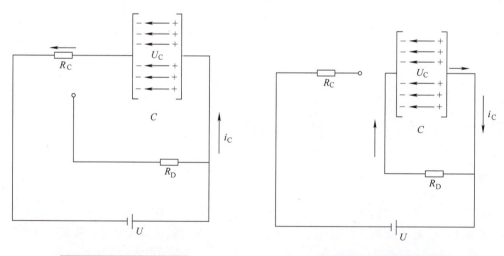

图2-1-2　电容充电电路　　　　　图2-1-3　电容放电电路

在图2-1-2和图2-1-3中，R_C和R_D的电阻值分别影响电容的充电和放电速度，这是因为电阻控制了充放电电流的大小。电阻值R和电容值C的乘积称为时间常数τ，这个常数描述电容的充电和放电速度。电容值或电阻值越小，时间常数也越小，电容的充电和放电速度就越快，反之亦然。图2-1-4是电容充放电的曲线图。

项目二 新能源汽车电力电子元器件

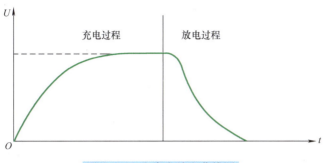

图 2-1-4　电容充放电曲线图

知识链接 3：超级电容的结构原理

超级电容是指介于传统电容和蓄电池之间的一种新型储能装置，通过极化电解质来储能，允许大电流快速充放电。超级电容的结构如图 2-1-5 所示，由高比表面积的多孔电极材料、集流体、多孔性电池隔膜及电解液组成。

当超级电容接通电源后，在电场力的作用下，吸引电解液中的阴离子向正极聚集，同时正极电解液中的阳离子向负极聚集，各自在正负极板上形成间隔非常小的离子层。放电时，正负离子离开固体电极的表面，返回电解液本体。

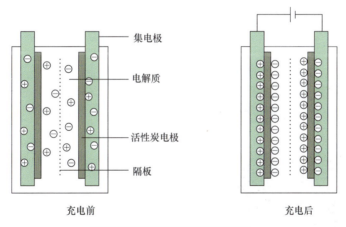

图 2-1-5　超级电容结构原理

知识链接 4：超级电容与一般电容的区别

电容是一种储存电荷的"容器"，需要在外加电压的作用下才能储存电荷。不同的电容在相同大小的电压作用下，储存的电荷量也可能不相同。超级电容的电容大，储存电荷量的能力大；其次，超级电容的充电速度快，充电 10s~10min 可达到其额定容量的 95% 以上；循环使用寿命长，深度充放电循环使用次数可达数万次，并且没有"记忆效应"；大电流放电能力超强，能量转换效率高，过程损失小，大电流能量循环效率高于 90%。

知识链接 5：超级电容在新能源汽车上的应用

超级电容充电快，耐充电，能量转换效率高，同时存在高自放电的特性，可以作为新能源汽车的储能装置,最常用的领域当属新能源客车,宇通、金龙、金旅、海格、中车等知名企业纷纷将超级电容成功应用于新能源客车(图2-1-6)。

在新能源客车领域,超级电容主要应用在城市混合动力客车制动能量回收系统。由超级电容模块组成的制动能量回收系统能够吸收并存储车辆在制动时产生的全部动能,并在客车起动或加速时将这些能量释放出来,从而使车辆节省能耗。

超级电容的缺点:一是安全性,过快的放电速度和过低的内阻,如果设计不好,本身就蕴含着"能量突然大爆发"的风险;二是较低的工作电压,制约了它在驱动汽车上的应用。不过随着技术的进步,这些问题都可以解决。

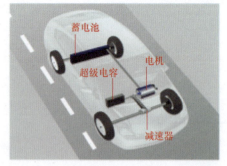

图 2-1-6 超级电容在新能源汽车上的应用

五、任务实施

1. 实训设备认知

得分:_____ 评分规则:每空1分,少填、错填一空扣1分,共16分。

在标号对应空格处填写实训板组成部件的名称及作用。

2.1.2 实训板认知

实 训 板	序号	名称	作 用
	1		
	2		
	3		
	4		
	5		
	6		
	7		
	8		

2. 实训设备检查与准备

检查设备并规范操作后填写下表。

得分:_____ 评分规则:每项1分,少填、错填一项扣1分,共11分。

实训设备检查表

设 备	检 查	结 果 是否正常?
超级电容充放电原理实训板	目测超级电容是否鼓包、损坏	是□ 否□
	检查电机是否正常	是□ 否□
	检查放电开关是否正常	是□ 否□
	检查充电开关是否正常	是□ 否□
	通电检查电压调节旋钮工作情况	是□ 否□
	连接口是否牢固、污损	是□ 否□
	异常记录	
导线	目测外观无破损、用万用表检查通断情况	是□ 否□
	阻值:(　　)Ω	是□ 否□
	异常记录	

3. 识读电路图

得分：_____　评分规则：每空 1 分，少填、错填一空扣 1 分，共 6 分。

识读电路图 2-1-7。

1）超级电容充电过程中，电流的流动方向：电池正极→二极管→_____→电流表→电池负极。

2）超级电容放电过程中，电流的流动方向：超级电容的正极→_____→_____→电流表→超级电容的负极。

3）二极管反向偏置处于截止状态，保护电路不受损坏。

4）电流表与超级电容_____（串联/并联），通过电流表示数可以读出流过超级电容的电流大小。

5）电压表与超级电容_____（串联/并联），通过电压表示数可以读出超级电容两端的电压大小。

6）开关_____（S_1/S_2）控制超级电容充电或者放电。

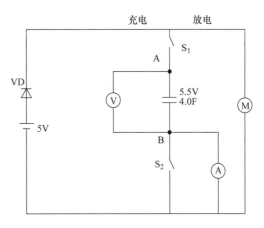

图 2-1-7　电路图

4、电路搭建及验证

得分：_____　评分规则：每空 0.5 分，少填、错填一空扣 0.5 分，共 35 分；正确画出图像得 2 分，视情况可扣 0~2 分，共 8 分；正确连接电路得 4 分，视情况可扣 0~4 分，共 4 分；总分 47 分。

根据电路图正确连接电路模块。图 2-1-8 为模块和实训板。

2.1.3 实训板操作

注意：连接电路前，确认电源开关处于断开状态。接线无误后，检查导线安装是否牢靠。

（1）探究超级电容充电过程中，在充电电压不变条件下，超级电容两端电压与电流的关系 S_1 预先接到充电档位，接通电源瞬间开始计时，记录不同时刻电压表与电流表的数值。

电源接通瞬间，超级电容两端电压为____V，电流为____A；

5s 后，超级电容两端的电压为____V，电流为____A；

10s 后，超级电容两端的电压为____V，电流为____A；

图 2-1-8 模块和实训板

15s 后，超级电容两端的电压为____V，电流为____A；

20s 后，超级电容两端的电压为____V，电流为____A；

25s 后，超级电容两端的电压为____V，电流为____A；

30s 后，超级电容两端的电压为____V，电流为____A；

35s 后，超级电容两端的电压为____V，电流为____A；

40s 后，超级电容两端的电压为____V，电流为____A；

45s 后，超级电容两端的电压为____V，电流为____A；

50s 后，超级电容两端的电压为____V，电流为____A；

55s 后，超级电容两端的电压为____V，电流为____A；

60s 后，超级电容两端的电压为____V，电流为____A。

根据所得数据，绘制充电过程中超级电容的特性图（图 2-1-9）。

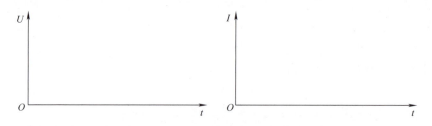

图 2-1-9 充电中超级电容特性图

由此实验可知，在充电过程中，超级电容相当于电路中的_____（电源/负载），电压由_____（高/低）变_____（高/低），变化速度越来越_____（快/慢），最后接近_____V；电流由_____（高/低）变_____（高/低），变化速度越来越_____（快/慢），最后接近于_____A。

（2）探究超级电容放电过程中，超级电容两端电压与电流的关系 S_1 接通放电档位的瞬间开始计时，并且记录不同时刻电压表与电流表的数值。

超级电容开始放电瞬间，两端电压为____V，电流为____A；

5s 后，超级电容两端的电压为____V，电流为____A；
10s 后，超级电容两端的电压为____V，电流为____A；
20s 后，超级电容两端的电压为____V，电流为____A；
30s 后，超级电容两端的电压为____V，电流为____A；
40s 后，超级电容两端的电压为____V，电流为____A；
50s 后，超级电容两端的电压为____V，电流为____A；
60s 后，超级电容两端的电压为____V，电流为____A；
2min 后，超级电容两端的电压为____V，电流为____A；
3min 后，超级电容两端的电压为____V，电流为____A；
4min 后，超级电容两端的电压为____V，电流为____A；
5min 后，超级电容两端的电压为____V，电流为____A；
6min 后，超级电容两端的电压为____V，电流为____A。

根据所得数据，绘制放电过程中超级电容的特性图（图 2-1-10）。

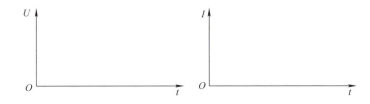

图 2-1-10　放电中超级电容特性图

在放电过程中，超级电容相当于电路中的_____（电源/负载），电压由_____（高/低）变_____（高/低），变化速度越来越_____（快/慢），最后电压接近于_____V。电流由_____（高/低）变_____（高/低），变化速度越来越_____（快/慢），最后接近于_____A。

六、5S 检查

得分：_____　评分规则：每项 1 分，少填、错填一项扣 1 分，共 5 分。

5S 待完成步骤	结合完成情况打勾
关闭电池开关，正确拆除导线	完成□　未完成□
检查设备完好情况以及电池电量	完成□　未完成□
清洁设备并归位	完成□　未完成□
清洁实训工位	完成□　未完成□
整理实训工单	完成□　未完成□

七、课后习题

得分：_____　评分规则：每空 1 分，少填、错填一空扣 1 分，共 10 分。

1. 选择题

（1）当电容两端的电压增加时，其储存的电荷（　　）。
A. 增加　　　　B. 减小　　　　C. 保持不变　　　D. 波动

（2）电容两端的电压增加一倍时，则电容的大小（　　）。
A. 不变　　　　B. 减半　　　　C. 加倍　　　　D. 4 倍

（3）以下哪项措施可以增大电容值？（　　）。
A. 极板间距增大　　B. 极板间距减小
C. 极板面积减小　　D. 两端电压增加

（4）超级电容最突出的特点是＿＿（　　）。
A. 电容值大　　B. 额定电压大　　C. 体积大　　D. 寿命长

（5）超级电容在充电时用（　　）吸附电荷来储存电能。
A. 极板　　　　B. 隔膜　　　　C. 电解质　　　D. A 和 B

2. 判断题

（1）电容充电完成后，电路中的电流停止流动，电容可等效为开路。（　　）
（2）超级电容主要由极板、电解液、隔膜等组成。（　　）
（3）超级电容充电速度快，但使用寿命短。（　　）
（4）电容极板面积越大，极板间距越小和极板间介质绝缘性越好，则电容越大。（　　）
（5）超级电容在储存过程中发生化学反应，储能过程是可逆的。（　　）

评分汇总

项目		分数	
		总分	得分
一、课前资讯		5	
二、任务实施	1. 实训设备认知	16	
	2. 实训设备检查与准备	11	
	3. 识读电路图	6	
	4. 电路搭建及验证	47	
三、5S 检查		5	
四、课后习题		10	
任务总分		100	

任务二　线圈基本原理与应用

一、任务目标

◆ 知道什么是线圈。
◆ 能理解电生磁与磁生电的基本原理。
◆ 能理解变压器的组成和工作原理。
◆ 能够使用电压表测量无线充电系统，做出正确的分析。
◆ 正确规范地使用实训板，养成良好的新能源汽车维修职业素养。

二、课前资讯

由老师播放 2.2.1 视频，然后完成以下题目。

得分：_____　　评分规则：每空 1 分，少填、错填一空扣 1 分，共 5 分。

1）电感线圈通电后具有电磁感应效应。　　　　　　　　　　　　　　（　　）
2）变压器是由两个线圈分别绕在铁心上组成的。　　　　　　　　　　（　　）
3）继电器是由电磁线圈制作而成的小电流控制大电流的器件。　　　　（　　）
4）无线充电系统是利用电磁感应原理制成的。　　　　　　　　　　　（　　）
5）电感线圈具有阻碍直流电流通过的作用。　　　　　　　　　　　　（　　）

三、任务导入

对于新能源汽车而言，传统的充电方式是使用车载充电机，利用线圈组把 220V 交流电升压成高压电后对电池充电。随着新能源汽车的推广，汽车无线充电也逐渐得到应用。无线充电主要是利用了线圈的电磁感应。

本任务实训通过搭建电路，实验验证线圈的工作特性，学习变压和无线充电的原理，并通过规范的操作，养成良好的职业素养。

四、知识准备

知识链接 1：线圈的认知

线圈是指把导线一圈一圈绕起来，导线彼此互相绝缘，一般绕制在陶瓷体上或者铁心上，如图 2-2-1 所示，可应用于电磁铁、变压器、电机等。

知识链接 2：磁生电现象

闭合电路的一部分导体在磁场中做切割磁感线的运动时，导体中就会产生电流，这种现象叫电磁感应现象，即磁生电现象，如图 2-2-2 所示。电磁感应现象的本质是闭合电路中磁通量的变化，闭合电路中由电磁感应产生的电流叫作感应电流。

图 2-2-1　线圈实物

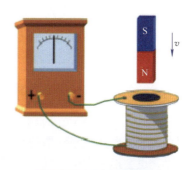

图 2-2-2　磁生电现象

知识链接3：电生磁现象

1820年，丹麦物理学家奥斯特用实验证实通电导体的周围存在着磁场。电生磁就是在一条直的金属导线通过电流时，在导线周围的空间将产生圆形磁场，如图2-2-3所示。导线中流过的电流越大，产生的磁场越强。磁场呈圆形，围绕导线周围。同样，线圈通电后可以产生磁场，当在通电螺线管内部插入铁心后，磁感线集中在铁心附近，从而使螺线管的磁性大大增强。变压器内部的一次线圈与二次线圈通过铁心传递能量，可以减少能量损失。

图 2-2-3　线圈通电产生磁场

知识链接4：变压器的基本结构

变压器是利用电磁感应原理来改变交流电压的装置。变压器主要由铁心以及一次线圈和二次线圈组成，连接在电源上的叫一次线圈，连接负载的叫二次线圈。最简单的变压器由一个铁心以及套在铁心上的两个匝数不相等的线圈构成，如图2-2-4所示。

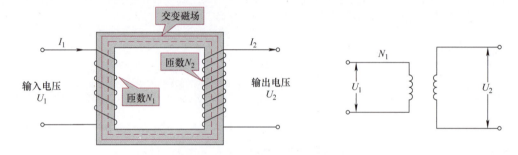

图 2-2-4　变压器结构及电路符号

知识链接5：变压器工作原理

变压器主要应用电磁感应的原理，可以将交流电转换成频率相同但电压幅度大小不同的交流电。具体工作过程是：当变压器一次线圈施加交流电压，电流流过一次线圈，则铁心在电流的作用下会产生不断变化的磁场。根据电磁感应原理，二次线圈会在此变化的磁场中产生感应电动势，线圈匝数多的一侧电压高，匝数少的一侧电压低，如图2-2-5所示。

简而言之，如果一次线圈的绕组匝数比二次线圈的绕组匝数多，则为降压作用的变压器。反过来，如果二次线圈的绕组匝数比一次线圈的绕组匝数多，则为升压作用的变压器。

知识链接6：变压器发热的主要原因

变压器工作时，铁心中存在时刻变化的磁场，由于铁心是铁磁材料，会产生磁滞损耗和涡流损耗（图2-2-6），也就是变压器的空载损耗。同时，线圈中流过电流，由于线圈是铜或铝材料，存在电阻，也会产生电阻损耗，这就是变压器的负载损耗。空载损耗和负载损耗都以热量的形式出现，因此，变压器的线圈和铁心都会发热。

项目二　新能源汽车电力电子元器件　27

图 2-2-5　变压器工作原理　　　　　图 2-2-6　变压器铁心的涡流损耗

知识链接 7：新能源汽车无线充电原理

目前电动汽车无线充电技术主要采用电磁感应式，如图 2-2-7 所示。新能源汽车的无线充电，相比于有线充电，主要是多了接收线圈，简略了充电接口。电磁感应充电目前已比较成熟，很多手机无线充电也是利用这种原理。

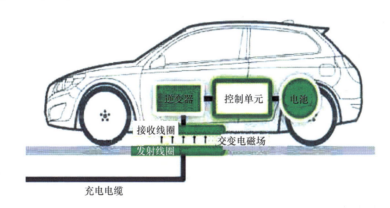

图 2-2-7　新能源汽车无线充电原理

电磁感应式充电的基本原理是，在一次线圈（发射线圈）中存在一定频率的交流电，通过电磁感应在二次线圈（接收线圈）中产生了电流，从而将能量由输出端传送至接收端，完成无线充电。但是使用时要求两个设备的距离必须很近，供电距离控制在 0~10cm，而且充电只能对准线圈一对一进行。

新能源汽车将一个受电线圈装置安装在汽车的底盘上，将另一个供电线圈装置安装在地面，当电动汽车行驶到供电线圈装置上，受电线圈即可接收到供电线圈的电流，从而对电池进行充电。目前，这套装置的额定输出功率大约为 10kW，一般的电动汽车可在 7~8h 内完成充电。

虽然无线供电技术已在新能源电动汽车上应用，但仍无法普及，主要是存在以下几个问题：

1）电能的传递距离比较短，无法做到远距离输电。因为如果线圈间隔大，传输效率就会明显下降，导致无法有效充电。

2）辐射问题，线圈会产生一定程度的电磁辐射，危害人体健康。

3）充电过程线圈发热严重，容易造成设备老化，维护成本高。

五、任务实施

实训一：交流变压器原理实训

1. 实训设备认知

得分：_____ 评分规则：每空 0.5 分，少填、错填一空扣 0.5 分，共 20 分。

2.2.2
实训板认知

在标号对应空格处填写实训板组成部件的名称及作用。

实 训 板	序号	名 称	作 用
	1		
	2		
	3		
	4		
	5		
	6		
	7		
	1		
	2		
	3		
	4		
	5		
	6		
	7		
	8		
	9		
	10		
	11		
	12		
	13		

2. 实训设备检查与准备

得分：_____ 评分规则：每项 0.5 分，少填、错填一项扣 0.5 分，共 7 分。

检查设备并规范操作后填写下表。

实训设备检查表

设　　备	检　　查	结　　果 是否正常?
交流变压器实训板	检查电压调节旋钮工作情况	是□ 否□
	检查变压器外观是否正常	是□ 否□
	各连接口是否牢固、污损	是□ 否□
	异常记录	
三通道示波表及信号源实训板	实训板充电接口是否牢固	是□ 否□
	通电检查电源开关情况	是□ 否□
	检查各交流直流切换开关情况	是□ 否□
	通电检查调节旋钮情况	是□ 否□
	通电检查显示器工作情况	是□ 否□
	异常记录	
导线	目测外观无破损、用万用表检查通断情况	是□ 否□
	阻值：（　　）Ω	是□ 否□
	异常记录	

3. 识读电路图

> **得分：**_____　**评分规则**：每空1分，少填、错填一空扣1分，共3分。

识读电路图 2-2-8。

1）交流电源对左侧二极管组供电，同时，交流电源经过____升压后对右侧二极管组供电。

2）变压器_____线圈直接对右侧二极管供电，通过测量电压和比较左右两组二极管的明暗，可以验证变压器对_____的变换作用。

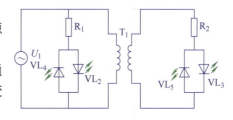

图 2-2-8　电路图

4. 电路搭建及验证

> **得分：**_____　**评分规则**：每空1分，少填、错填一空扣1分，共9分；正确描绘图像得4分，视情况可扣0~4分，共4分；正确连接电路图得5分，视情况可扣0~5分，共5分；总分18分

根据电路图正确连接电路模块。图 2-2-9 为模块、实训板和示波器。

2.2.3 实训板操作

注意：连接电路前，确认电源开关处于断开状态。接线无误后，检查导线安装是否牢靠。

图 2-2-9　模块、实训板和示波器

（1）探究变压器的变压作用

接通电源，观察左右两组二极管，发现_____（左/右）侧二极管亮度更高；使用万用表_____（直流电压/交流电压）档，分别测量一次线圈和二次线圈，记录一次线圈电压值为_____V，记录二次线圈电压值为_____V，二次线圈电压比一次线圈电压_____（高/低），说明变压器具有_____的作用。

（2）探究变压器一次线圈与二次线圈的电压关系

使用示波器同时测量一次线圈与二次线圈的电压波形，转动旋钮将交流电源频率调节到较高频率，并画出波形图（图 2-2-10）。

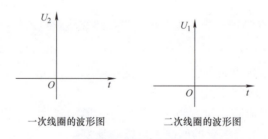

一次线圈的波形图　　　　二次线圈的波形图

图 2-2-10　绘制波形

由此实验可以发现，变压器两边电压的波形图_____（相似/不相似），频率_____（相同/不相同），_____（一次/二次）线圈的峰值电压更高。

实训二：无线充电原理实训

1.实训设备认知

得分：_____　评分规则：每空 0.5 分，少填、错填一空扣 0.5 分，共 6 分。

在标号对应空格处填写实训板组成部件的名称及作用。

2.2.4 实训板认知

实 训 板	序号	名称	作 用
(图)	1		
	2		
	3		
	4		
	5		
	6		

2. 实训设备检查与准备

得分： _____ **评分规则**：每项0.5分，少填、错填一项扣0.5分，共5分。

检查设备并规范操作后填写下表。

实训设备检查表

设 备	检 查	结 果 是否正常？
无线充电实训板	目测无线充电线圈情况	是□ 否□
	目测电感及相关元件	是□ 否□
	模块电源开关工作情况	是□ 否□
	连接口是否牢固、污损	是□ 否□
	充放电指示灯是否点亮	是□ 否□
	异常记录	
导线	目测外观无破损、用万用表检查通断情况	是□ 否□
	阻值：（ ）Ω	是□ 否□
	异常记录	

3. 识读电路图

得分： _____ **评分规则**：每空1分，少填、错填一空扣1分，共2分。

识读电路图2-2-11。

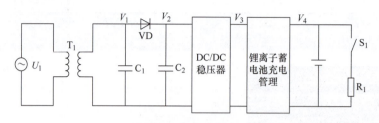

图 2-2-11 电路图

1)一次线圈接通脉冲电压,产生交变磁场,使二次线圈产生感应电动势 V_1,V_1 经过_____的整流与_____滤波变为较平稳直流电压 V_2。

2)直流电压 V_2 输入 DC/DC 稳压器,降压后输入锂离子蓄电池管理电路,最终输出平稳直流电压 V_4,对电池进行充电。

4. 电路搭建及验证

> 得分:_____ 评分规则:填空 1 分一空,少填、错填一空扣 1 分,共 4 分;正确描绘图像得 2 分,视情况可扣 0~2 分,共 10 分;正确连接电路图得 5 分,视情况可扣 0~5 分,共 5 分;总分 19 分。

根据电路图正确连接电路模块。图 2-2-12 为模块、实训板和示波器。

2.2.5 实训板操作

图 2-2-12 模块、实训板和示波器

注意:连接电路前,确认电源开关处于断开状态。接线无误后,检查导线安装是否牢靠。

(1)探究无线充电过程中,电压转换的特点

接通电源,使用示波器分别测量端子 V_{out}、V_1、V_2、V_3 和 V_4,并记录相应的电压波形(图 2-2-13)。

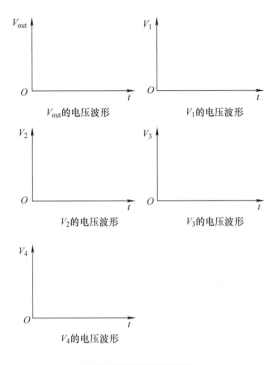

图 2-2-13 电压波形

由此实验可以发现，_____（V_{out}、V_1、V_2、V_3、V_4）为交流电，_____（V_{out}、V_1、V_2、V_3、V_4）为直流电，即无线充电模块中，输出_____（交流电/直流电）对电池进行充电。

（2）验证无线充电模块的充电效果

充电一段时间后，按下放电开关，放电指示灯_____（亮/不亮）。说明无线充电模块利用线圈向电池传递能量。

六、5S 检查

得分：_____　评分规则：每项1分，少填、错填一项扣1分，共5分。

5S 待完成步骤	结合完成情况打勾
关闭电池开关，正确拆除导线	完成□　未完成□
检查设备完好情况以及电池电量	完成□　未完成□
清洁设备并归位	完成□　未完成□
清洁实训工位	完成□　未完成□
整理实训工单	完成□　未完成□

七、课后习题

得分：_____ 评分规则：每空1分，少填、错填一空扣1分，共10分。

1. 选择题

（1）两个磁耦合线圈之间存在（ ）。
A. 互感　　　　B. 互绕　　　　C. 互通　　　　D. 互换

（2）一个线圈中电流发生变化会在另一个线圈中产生（ ）。
A. 感应电压　　B. 感应磁场　　C. 感应电流　　D. A和B

（3）变压器的供电是（ ）。
A. 直流电压　　B. 交流电压　　C. 交直流电压　D. 都不正确

（4）在降压变压器中二次线圈比一次线圈的匝数（ ）。
A. 少　　　　　B. 多　　　　　C. 相等　　　　D. 不确定

（5）接电源的线圈和接负载的线圈分别称为（ ）。
A. 二次线圈；一次线圈　　B. 一次线圈；二次线圈　　C. 一次线圈；低压线圈

2. 判断题

（1）电磁感应现象是指在不断变化的磁场中，线圈两端会产生一个电动势，称为感应电动势。（ ）

（2）变压器利用电磁感应的原理，可以将交流电转换成频率和电压幅度均不同的交流电。（ ）

（3）变压器一般由铁心和套在铁心上的两个匝数不等的线圈构成。（ ）

（4）变压器两端，线圈匝数多的一侧电压低，线圈匝数少的一侧电压高。（ ）

（5）在新能源汽车无线充电中，线圈间隔越大，充电的效率就会越高。（ ）

评分汇总

项　　目		分　数	
		得分	总分
一、课前资讯		5	
二、任务实施	实训一：交流变压器原理实训	48	
	实训二：无线充电原理实训	32	
三、5S检查		5	
四、课后习题		10	
任务总分		100	

任务三　二极管原理与应用

一、任务目标

- ◆ 知道什么是导体和半导体。
- ◆ 能理解二极管的工作原理，区分正向反向偏置。
- ◆ 能理解二极管整流的工作原理。
- ◆ 能使用万用表对二极管进行检查并区分正负极。
- ◆ 正确规范地使用实训板，养成良好的新能源汽车维修职业素养。

二、课前资讯

由老师播放 2.3.1 视频，然后完成以下题目。

得分：_____　评分规则：每空 1 分，少填、错填一空扣 1 分，共 5 分。

1）二极管具有单向导通性。　　　　　　　　　　　　　　　　　　　　（　　）
2）整流电路分为半波整流和全波整流两种。　　　　　　　　　　　　　（　　）
3）全波整流只需一个二极管就可以组成电路。　　　　　　　　　　　　（　　）
4）二极管的好坏可以用万用表测量。　　　　　　　　　　　　　　　　（　　）
5）二极管导通后相当于开关闭合。　　　　　　　　　　　　　　　　　（　　）

三、任务导入

车载充电机是指固定安装在新能源汽车上的充电机，内部设置有整流电路模块。由于交流电无法直接对动力蓄电池进行充电，需要将插座的交流电转换成直流电后，再进行升压，才能给动力蓄电池组进行充电。

本任务实训通过搭建电路，验证二极管的单向导通性，学习整流电路的基本工作原理及检测，并通过规范的操作，养成良好的职业素养。

四、知识准备

知识链接 1：导体的认知

导体是指电路中电阻率很小且易于传导电流的物质。导体中存在大量可自由移动的带电粒子，称为载流子。在外电场作用下，载流子做定向运动，形成明显的电流。

金属材料是常见的导体。金属原子由原子核和核外电子组成。原子核无法自由移动，最外层的价电子容易挣脱原子核的束缚而成为自由电子。当导体两端加上电压后，原子核最外层带负电荷的电子摆脱原子核的约束向正极移动，如图 2-3-1 所示。电子运动方向是由电源负极向电源的正极流动，但约定俗成电路中电流的方向是从正极流向负极。

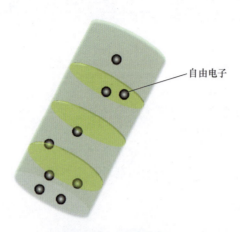

图 2-3-1 导体微观图

知识链接 2：半导体的认知

半导体是指导电性介于导体与绝缘体之间的材料，如硅或者锗等。半导体材料中的原子有规律地在空间中排列，每个原子外层有 4 个电子，如图 2-3-2 所示。因为每个原子的外层电子与相邻原子外层电子形成共价键结构，对电子产生更强大的约束力，所以在半导体两端接上电压后，只有部分电子能逃出共价键成为自由电子，同时在自由电子原来的位置产生一个带正电荷的空穴。

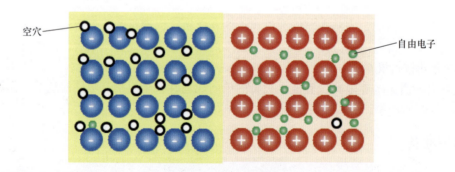

图 2-3-2 半导体微观图

知识链接 3：N 型半导体认知

用一种特殊的工艺，向纯硅或者纯锗中掺入少量的五价元素，如磷或砷等，这样就得到 N 型半导体，如图 2-3-3 所示。每掺进去一个五价的元素，其中五价电子中的四个与硅原子的四个价电子形成共价键，剩余的一个就成为自由电子，掺入的五价元素越多，自由电子的数量就会越大，从而增加一定的导电能力。总的来说，N 型半导体主要是靠电子导电。

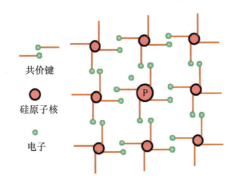

图 2-3-3　N 型半导体结构图

知识链接 4：P 型半导体认知

用一种特殊的工艺向纯硅或纯锗中掺入少量三价元素，如硼或铝等，这样就能得到 P 型半导体，如图 2-3-4 所示。在这种半导体中每掺入一个三价元素，就在三价元素外层的三个价电子与硅元素外层四个价电子中的其中三个形成共价键，由于还差一个电子，三价元素外层只有三个价电子，与邻近的硅原子形成共价键还差一个电子，所以就形成一个空穴。附近共价键的电子被空穴吸引，移动到空穴位置，从而该三价元素由于得到一个电子，形成新的共价键。电子原来的位置因为失去一个电子，所以形成新的空穴。

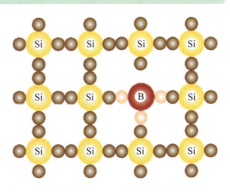

图 2-3-4　P 型半导体结构图

知识链接 5：二极管认知

在一块纯硅材料里，将一半掺入三价元素变成 P 型半导体，将另一半掺入五价元素变成 N 型半导体，在 P 型和 N 型材料的交界处，便形成 PN 结，如图 2-3-5 所示。将 P 型与 N 型半导体材料结合，即为二极管元件，符号为"⟶▷⊢"。

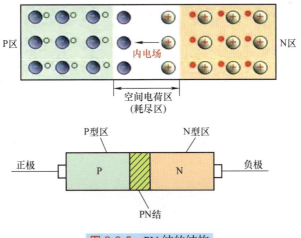

图 2-3-5　PN 结的结构

知识链接 6：二极管的正向偏压

电源正极接到二极管的阳极，即 P 型半导体。电源负极接到二极管的阴极，即 N 型半导体。由于同性相斥，电源的负极向 N 型区输入大量电子，迫使 N 型区内部电子穿过 PN 结，如图 2-3-6 所示，大量自由电子首先与 P 型区内的空穴"中和"，然后多余的电子流回到电源正极，形成电子流，此时二极管的作用相当于一般的导线。

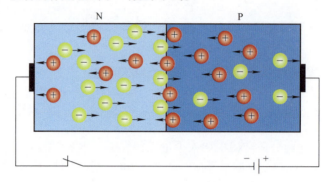

图 2-3-6　PN 结加正向电压

知识链接 7：二极管的反向偏压

将电源正极接到二极管的阴极，即 N 型半导体区。将电源负极接到二极管的阳极，即 P 型半导体区。

由于异性相吸，电源正极吸引 N 型区的自由电子，使其无法通过 PN 结，如图 2-3-7 所示。因此，半导体内部无电子穿过 PN 结，此时二极管相当于绝缘体。

综上所述，二极管对电流具有单向导通性，如图 2-3-8 所示，在电路中相当于电流的"单向阀"。

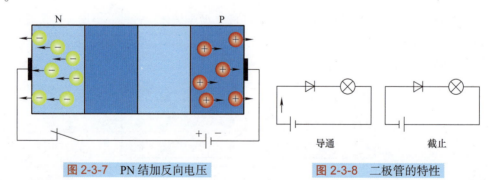

图 2-3-7　PN 结加反向电压　　　　图 2-3-8　二极管的特性

五、任务实施

1. 实训设备认知

得分：_____　评分规则：每空 0.5 分，少填、错填一空扣 0.5 分，共 15 分。

在标号对应空格处填写实训板组成部件的名称及作用。

2.3.2
实训板认知

实训板	序号	名称	作用
（二极管整流器实训板图）	1		
	2		
	3		
	4		
	5		
	6		
	7		
（永磁交流发电机原理实训板图）	1		
	2		
	3		
	4		
	5		
	6		
	7		
	8		

2. 实训设备检查与准备

得分：_____　　评分规则：每项0.5分，少填、错填一项扣0.5分，共12分。

检查设备并规范操作后填写下表。

实训设备检查表

设备	检查	结果 是否正常？
二极管整流器实训板	目测二极管元件是否正常	是□ 否□
	充电连接口是否牢固、污损	是□ 否□
	异常记录	
永磁交流发电机原理实训板	电动机是否牢固、正常	是□ 否□
	发电机是否牢固、正常	是□ 否□
	检查转速调节旋钮工作情况	是□ 否□
	检查连接端子接口是否正常	是□ 否□
	异常记录	
导线	目测外观无破损、用万用表检查通断情况	是□ 否□
	阻值：（　　）Ω	是□ 否□
	异常记录	

实训一：二极管导通性及半波整流电路实训

1. 识读电路图

> 得分：_____ 评分规则：每空1分，少填、错填一空扣1分，共4分。

识读电路图2-3-9。

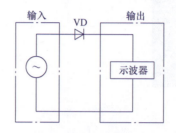

图 2-3-9 电路图

1）二极管处于正向偏置时，二极管处于_____（导通/截止）状态，电路中_____（有/无）电流流动。

2）二极管处于反向偏置时，二极管处于_____（导通/截止）状态，电路中_____（有/无）电流流动。

3）通过实验对比，总结二极管的工作特性。

2. 电路搭建及验证

> 得分：_____ 评分规则：填空1分一空，少填、错填一空扣1分，共10分；结论2分一空，少填、错填一空扣2分，共4分；正确描绘图像得3分，视情况可扣0~3分，共6分；正确连接电路图得3分，视情况可扣0~3分，共3分；总分23分。

2.3.3
实训板操作

根据电路图正确连接电路模块。图2-3-10为模块、实训板和示波器。

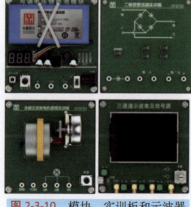

图 2-3-10 模块、实训板和示波器

> **注意**：连接电路前，确认电源开关处于断开状态。接线无误后，检查导线安装是否牢靠。

（1）使用万用表检测二极管 1N4001

使用万用表的二极管档位，红色表笔触碰二极管 1N4001 的正极，黑色表笔触碰二极管 1N4001 的负极，万用表显示为_____；然后，黑色表笔触碰二极管 1N4001 的正极，红色表笔触碰二极管 1N4001 的负极，万用表显示为_____。由此可以得知，_____。

（2）探究二极管的整流作用

接通电源后，使用示波器同时测量整流电路输入端与输出端，并记录波形图（图 2-3-11）。

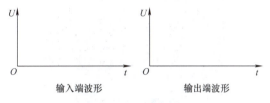

图 2-3-11　绘制波形

输入端为_____（交流电/直流电），输出端为_____（交流电/直流电）；输入端的电压峰值为_____V，输出端的电压峰值为_____V。由此实验可以得知，整流电路具有_____作用，能将_____（交流电/直流电）转换成_____（交流电/直流电），但_____（能/不能）改变电压的大小。

由此对比实验可知，_____。

实训二：二极管全波整流原理实训

1. 认读电路图

得分：_____　评分规则：每空1分，少填、错填一空扣1分，共7分。

识读电路图 2-3-12。

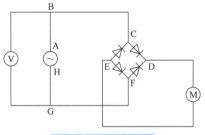

图 2-3-12　电路图

1）当电流由 A 点流出时，电流的工作方向为：A 点→B 点→_____点→二极管→D 点→电机→_____点→二极管→_____点→G 点→H 点。

2）当电流由 H 点流出时，电流的工作方向为：H 点→_____点→_____点→二极管→D 点→电机→_____点→二极管→_____点→B 点→A 点。

2. 电路搭建及验证

得分：_____　评分规则：填空1分一空，少填、错填一空扣1分，共10分；结论1分一空，少填、错填一空扣1分，共2分；正确画出图像得2分，视情况可扣0-2分，共4分；正确连接电路图得3分，视情况可扣0~3分，共3分；总分19分。

根据电路图正确连接电路模块。图 2-3-13 为模块、实训板和示波器。

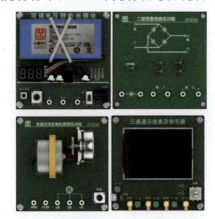

图 2-3-13　模块、实训板和示波器

注意：连接电路前，确认电源开关处于断开状态。接线无误后，检查导线安装牢靠。

2.3.4
实训板认知

2.3.5
实训板操作

（1）比较输入端与输出端电压波形，探究整流电路的作用

接通电源后，使用示波器同时测量整流电路输入端与输出端，并记录波形图（图 2-3-14）。

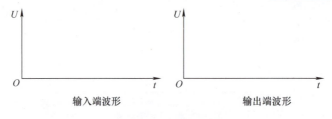

图 2-3-14　整流波形

输入端为_____（交流电 / 直流电），输出端为_____（交流电 / 直流电）；输入端的电压峰值为_____V，输出端的电压峰值为_____V。由实验可以得知，整流电路具有_____作用，能将_____（交流电 / 直流电）转换成_____（交流电 / 直流电），但_____（能 / 不能）改变电压的大小。

（2）探究整流电路输入端与输出端的关系

转动旋钮，调节电机转速，观察可以发现，当输入端的频率变高时，输出端的频率_____（变高 / 变低）；当输入端的频率变低时，输出端的频率_____（变高 / 变低）。

由此实验可知，_____。

六、5S 检查

得分：_____　　评分规则：每项 1 分，少填、错填一项扣 1 分，共 5 分。

5S 待完成步骤	结合完成情况打勾
关闭电池开关，正确拆除导线	完成☐　未完成☐
检查设备完好情况以及电池电量	完成☐　未完成☐
清洁设备并归位	完成☐　未完成☐
清洁实训工位	完成☐　未完成☐
整理实训工单	完成☐　未完成☐

七、课后习题

得分：_____　评分规则：每空 1 分，少填、错填一空扣 1 分，共 10 分。

1. 选择题

（1）二极管的最主要工作特性是（　　）。
A. 双向导通性　　B. 单向导通性　　C. 升压　　D. 降压

（2）在什么情况下二极管处于截止状态。（　　）
A. 正向偏置　　B. 两端电压过大　　C. A 和 B　　D. 反向偏置

（3）整流电路中利用二极管的（　　）将交流电转变成直流电。
A. 单向导通性　　B. 双向截止性　　C. 偏置特性

（4）用一种特殊的工艺向纯硅或纯锗中掺入少量（　　）就能得到 P 型半导体。
A. 三价元素　　B. 四价元素　　C. 五价元素　　D. 六价元素

（5）整流电路的作用是（　　）。
A. 交流电转换成直流电　　B. 直流电转换成交流电　　C. 升压　　D. 降压

2. 判断题

（1）电流的运动方向与电子的运动方向相反。　　　　　　　　　　　　　　（　　）
（2）二极管具有双向导通性。　　　　　　　　　　　　　　　　　　　　　（　　）
（3）反向偏置是指电源的正极连接二极管的阳极，负极连接二极管的阴极。（　　）
（4）二极管主要由 P 型半导体和 N 型半导体组成。　　　　　　　　　　　（　　）
（5）在全波整流电路中如果有一个二极管损坏，不影响整流效果。　　　　（　　）

评分汇总

项目		分数	
		总分	得分
一、课前资讯		5	
二、任务实施	1. 实训设备认知	15	
	2. 实训设备检查与准备	12	
	3. 实训一：二极管导通性及半波整流电路实训	27	
	4. 实训二：二极管全波整流原理实训	26	
三、5S 检查		5	
四、课后习题		10	
任务总分		100	

任务四 场效应晶体管原理与应用

一、任务目标

- ◆ 知道场效应晶体管的作用及工作原理。
- ◆ 能理解场效应晶体管与晶体管、继电器的区别。
- ◆ 通过场效应晶体管实训电路学习，可以分析其工作特性。
- ◆ 正确规范地使用实训板，养成良好的新能源汽车维修职业素养。

二、课前资讯

由老师播放 2.4.1 视频，然后完成以下题目。

得分：_____ 评分规则：每空 1 分，少填、错填一空扣 1 分，共 5 分。

1）场效应晶体管是一种单极型半导体器件。（　　）
2）场效应晶体管属于电流控制型器件。（　　）
3）场效应晶体管在汽车电路中起开关作用，控制执行器工作。（　　）
4）场效应晶体管和继电器的作用是一样的，两者可以互换。（　　）
5）场效应晶体管可以用万用表测量好坏。（　　）

三、任务导入

场效应晶体管的功能相当于电路中的"继电器"，被广泛应用于新能源汽车中。控制单元根据各传感器的信号运算后，输出相应电压信号，从而控制场效应晶体管导通或者断开，实现控制对应电路模块。

本任务实训通过搭建电路，分析场效应晶体管的特性，学习场效应晶体管的原理与其作为电子开关的作用，并通过规范的操作养成良好的职业素养。

四、知识准备

知识链接 1：场效应晶体管的认知

场效应晶体管是利用控制输入回路的电场效应来控制输出回路电流的一种半导体器件，属于电压控制型半导体器件。场效应晶体管有三个电极，分别是漏极 D、栅极 G 和源极 S，如图 2-4-1 所示，相当于晶体管的集电极、基极和发射极。场效应晶体管与晶体管类似，也分有两种：N 沟道器件和 P 沟道器件，其主要作用是用栅极 G 的输入电压来控制漏极 D 和源极 S 之间的导通或截止。

项目二 新能源汽车电力电子元器件 45

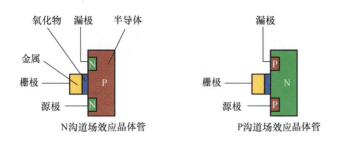

图 2-4-1 场效应晶体管结构

知识链接 2：场效应晶体管的工作原理

以 N 沟道场效应晶体管为例说明其工作原理：场效应晶体管的栅极 G 没有电压输入，漏极 D 连接电源正极，源极 S 连接电源负极，如图 2-4-2 所示。此时，漏极的 N 型半导体材料与 P 型半导体材料构成了 PN 结的反向偏置。在源极与漏极之间不会有电流流过，令场效应晶体管处与截止状态。

当栅极接通正电压时，如图 2-4-3 所示，由于电场的作用，把 P 型半导体内的负电子吸引出来，并且使自由电子汇集在漏极与源极之间的 P 型半导体附近，有利于源极与漏极的连通。最后由于漏极与源极存在电压差，电子定向流动，使源极和漏极之间有电流流动。P 沟道 MOS 场效应晶体管的工作过程与之相似，这里不再重复。

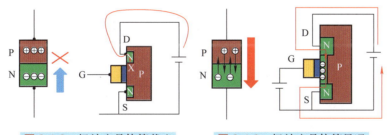

图 2-4-2 场效应晶体管截止   图 2-4-3 场效应晶体管导通

知识链接 3：场效应晶体管的开关作用

实际应用中，场效应晶体管一般作为电控开关来使用。如图 2-4-4 所示，当控制单元输出信号为高电平时，场效应晶体管的漏极与源极导通，相当于闭合的开关，负载直接与电源接通；当控制单元输出信号为低电平时，场效应晶体管的漏极与源极截止，相当于开关断开，电路可以视为开路。

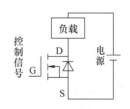

图 2-4-4 场效应晶体管开关电路

知识链接 4：场效应晶体管与晶体管的区别

晶体管属于电流驱动型，其放大功能是通过基极的电流来实现的，如图 2-4-5 所示。

场效应晶体管属于电压驱动型，栅极电阻极大，可以视为没有电流经过，所以不消耗电流。场效应晶体管通过电压形成一条电子通道，使漏极和源极导通，从而实现电流放大功能。栅极的电压越高，导通的电流越大，但同时栅极不消耗电流。

相对于晶体管,场效应晶体管的优点是电流消耗量少,导通响应速度迅速。

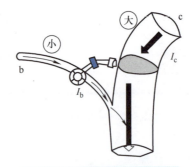

图 2-4-5　晶体管的放大作用

知识链接 5:场效应晶体管与继电器的区别

场效应晶体管与继电器功能相似,如图 2-4-6 所示,实际上都是用小电流去控制大电流运作的一种"开关"。一般情况下,场效应晶体管的栅极与控制单元的引脚连接,根据控制单元的输出信号来执行通断动作。但是场效应晶体管通断的变化速度远远比继电器快,1s 可以切换上万次通断,能够快速响应汽车的工况变化。

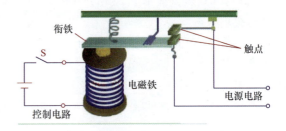

图 2-4-6　电磁继电器结构与原理

五、任务实施

实训一:场效应晶体管原理实训

1. 实训设备认知

得分:_____　　评分规则:每空 0.5 分,少填、错填一空扣 0.5 分,共 11 分。

2.4.2 实训板认知

在标号对应空格处填写实训板组成部件的名称及作用。

实　训　板	序号	名称	作　用
	1		
	2		
	3		
	4		
	5		
	6		
	7		
	8		
	9		
	10		
	11		

2. 实训设备检查与准备

得分：_____　　**评分规则：** 每项1分，少填、错填一项扣1分，共10分。

检查设备并规范操作后填写下表。

实训设备检查表

设　备	检　查	结　果 是否正常？
场效应晶体管原理实训板	目测场效应晶体管元件是否正常	是□ 否□
	目测二极管元件是否正常	是□ 否□
	目测灯泡元件是否正常	是□ 否□
	检查电压调节旋钮工作情况	是□ 否□
	连接口是否牢固、污损	是□ 否□
	异常记录	
导线	目测外观无破损、用万用表检查通断情况	是□ 否□
	阻值：(　　) Ω	是□ 否□
	异常记录	

3. 识读电路图

得分：_____　　**评分规则：** 每空1分，少填、错填一空扣1分，共1分。

识读电路图 2-4-7。

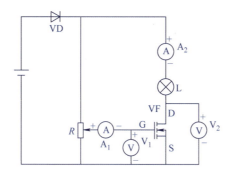

图2-4-7　电路图

1）可调电阻的作用：通过控制可调电阻改变场效应晶体管_____极电压。

2）由于场效应晶体管正常工作时，电流 I_g 接近于0，可以视为断路，电流的运动方向为：电源正极→二极管→电流表→灯泡→电源负极。

3）调节可调电阻，与G极并联的电压表读数发生变化，与G极串联的电流表读数接近零。

由此可以得知，G极与S极电阻非常大。缓慢改变G极电压大小，通过观察灯泡的明暗程度来判断场效应晶体管的工作状态。

4. 电路搭建及验证

2.4.3 实训板操作

> 得分：_____ 评分规则：填空0.5分一空，少填、错填一空扣0.5分，共19.5分；结论2分一空，少填、错填一空扣2分，共2分；正确连接电路图得2分，视情况可扣0~2分，共2分；总分23.5分。

根据电路图正确连接电路模块。图2-4-8为模块、实训板、电流表和电压表。

图2-4-8 模块、实训板、电流表和电压表

注意：连接电路前，确认电源开关处于断开状态。接线无误后，检查导线安装是否牢靠。

（1）探究电压V_{gs}变化过程中，电压V_{gs}与电流值I_g的变化情况

转动可调电阻旋钮，改变电压V_{gs}的大小，并记录相应电流值I_g。

当V_{gs}等于0V时，流经G极的电流I_g为_____A；

当V_{gs}等于1V时，流经G极的电流I_g为_____A；

当V_{gs}等于2V时，流经G极的电流I_g为_____A；

当V_{gs}等于3V时，流经G极的电流I_g为_____A；

当V_{gs}等于4V时，流经G极的电流I_g为_____A；

当V_{gs}等于5V时，流经G极的电流I_g为_____A；

当V_{gs}等于6V时，流经G极的电流I_g为_____A；

当V_{gs}等于7V时，流经G极的电流I_g为_____A；

当V_{gs}等于8V时，流经G极的电流I_g为_____A；

当V_{gs}等于9V时，流经G极的电流I_g为_____A；

当 V_{gs} 等于 10V 时，流经 G 极的电流 I_g 为_____A。

由此实验可知，G 极电压上升过程中，电流 I_g 接近于_____mA，可以视为场效应晶体管的 G 极与 S 极之间_____（有/无）电流通过，处于_____（导通\断开）状态。

（2）探究电压 V_{gs} 变化过程中，电压 V_{gs} 与电流值 I_d 的变化情况

转动可调电阻旋钮，改变电压 V_{gs} 的大小，并记录相应电流值 I_d。

当 V_{gs} 等于 0V 时，流经 D 极的电流 I_d 为_____A；

当 V_{gs} 等于 1V 时，流经 D 极的电流 I_d 为_____A；

当 V_{gs} 等于 2V 时，流经 D 极的电流 I_d 为_____A；

当 V_{gs} 等于 3V 时，流经 D 极的电流 I_d 为_____A；

当 V_{gs} 等于 4V 时，流经 D 极的电流 I_d 为_____A；

当 V_{gs} 等于 5V 时，流经 D 极的电流 I_d 为_____A；

当 V_{gs} 等于 6V 时，流经 D 极的电流 I_d 为_____A；

当 V_{gs} 等于 7V 时，流经 D 极的电流 I_d 为_____A；

当 V_{gs} 等于 8V 时，流经 D 极的电流 I_d 为_____A；

当 V_{gs} 等于 9V 时，流经 D 极的电流 I_d 为_____A；

当 V_{gs} 等于 10V 时，流经 D 极的电流 I_d 为_____A。

由此实验可知，D 极电压上升过程中，自 D 极至 S 极的电流变化情况是_____。

（3）探究电压 V_{gs} 变化过程中，电压 V_{gs} 与电压值 V_{ds} 的变化情况

转动可调电阻旋钮，改变电压 V_{gs} 的大小，并记录 D 极与 S 极的电压值。

当 V_{gs} 等于 0V 时，D 极与 S 极的电压值 V_{ds} 为_____V；

当 V_{gs} 等于 1V 时，D 极与 S 极的电压值 V_{ds} 为_____V；

当 V_{gs} 等于 2V 时，D 极与 S 极的电压值 V_{ds} 为_____V；

当 V_{gs} 等于 3V 时，D 极与 S 极的电压值 V_{ds} 为_____V；

当 V_{gs} 等于 4V 时，D 极与 S 极的电压值 V_{ds} 为_____V；

当 V_{gs} 等于 5V 时，D 极与 S 极的电压值 V_{ds} 为_____V；

当 V_{gs} 等于 6V 时，D 极与 S 极的电压值 V_{ds} 为_____V；

当 V_{gs} 等于 7V 时，D 极与 S 极的电压值 V_{ds} 为_____V；

当 V_{gs} 等于 8V 时，D 极与 S 极的电压值 V_{ds} 为_____V；

当 V_{gs} 等于 9V 时，D 极与 S 极的电压值 V_{ds} 为_____V；

当 V_{gs} 等于 10V 时，D 极与 S 极的电压值 V_{ds} 为_____V。

由此实验可知，G 极电压上升初期，V_{ds} 接近电源电压，相当于场效应晶体管处在_____（闭合/断开）状态；当 G 极电压上升到一定程度后，V_{ds} 电压接近于_____V，相当于场效应晶体管处于_____（闭合/断开）状态。

实训二：汽车电磁阀原理实训

1. 实训设备认知

得分：_____   评分规则：每空 0.5 分，少填、错填一空扣 0.5 分，共 12 分。

在标号对应空格处填写实训板组成部件的名称及作用。

2.4.4 实训板认知

实训板	序号	名称	作用
(汽车电磁阀实训板图)	1		
	2		
	3		
	4		
	5		
(交流变压器原理实训板图)	1		
	2		
	3		
	4		
	5		
	6		
	7		

2. 实训设备检查与准备

得分：_____ 评分规则：每项1分，少填、错填一项扣1分，共12分。

检查设备并规范操作后填写下表。

设备	检查	结果 是否正常？
汽车电磁阀实训板	检查电磁阀是否正常	是□ 否□
	目测指示灯及相关元件是否正常	是□ 否□
	各连接口是否牢固、污损	是□ 否□
	异常记录	
交流变压器原理实训板	检查电压调节旋钮工作情况	是□ 否□
	检查变压器外观是否正常	是□ 否□
	各连接口是否牢固、污损	是□ 否□
	异常记录	
导线	目测外观无破损、用万用表检查通断情况	是□ 否□
	阻值：(　) Ω	是□ 否□
	异常记录	

3. 识读电路图

得分：_____ 评分规则：每空1分，少填、错填一空扣1分，共3分。

识读电路图 2-4-9。

1）当 SIG 端子处于低电平时，场效应晶体管处于_____（截止/导通）状态，线圈无法正常工作。

2）当 SIG 端子处于高电平时，场效应晶体管处于_____（截止/导通）状态。电流流动的方向：电源正极→二极管→_____→场效应晶体管 D 极→场效应晶体管 S 极→电源负极。

3）方波电压源作为 G 极的信号，控制场效应晶体管 S 极与 D 极的通断，从而控制电磁阀的闭合或打开。

4）续流二极管 VD_3：当 SIG 端子从高电平变为低电平时，场效应晶体管从导通状态变为截止状态的瞬间，线圈产生的感应电压通过二极管 VD_3 放电，防止击穿场效应晶体管。

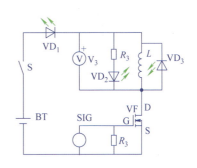

图 2-4-9 电路图

4. 电路搭建及验证

得分：_____ 评分规则：填空0.5分一空，少填、错填一空扣0.5分，共3分；结论2分一空，少填、错填一空扣2分，共2分；正确连接电路图得2分，视情况可扣0~2分，共2分；总分7分。

根据电路图正确连接电路模块。图 2-4-10 为模块、实训板和示波器。

图 2-4-10 模块、实训板和示波器

2.4.5 实训板操作

注意：实训时需要加一个大于 $10k\Omega$ 的电阻，防止积木板烧坏，连接方法参考视频。连接电路前，确认电源开关处于断开状态。接线无误后，检查导线安装是否牢靠。

（1）探究场效应晶体管的开关特性

接通电源，使用示波器测量 SIG 端口。当 SIG 端口处于_____（高/低）电平时电磁阀被吸引，即场效应晶体管的 D 极和 S 极处于_____（断开/接通）状态。当 SIG 端口处于_____（高/低）电平时，电磁阀复位，即场效应晶体管的 D 极和 S 极处于_____（断开/接通）状态。

（2）探究 G 极的信号频率与场效应晶体管通断频率的关系

旋转频率旋钮，控制场效应晶体管 G 极的高低电平变化的频率。当 G 极信号频率变高时，场效应晶体管通断频率变_____（高/低）；当 G 极信号频率变低时，场效应晶体管通断频率变_____（高/低）。

由此实验可以得知_____。

六、5S 检查

得分：_____ 评分规则：每项 1 分，少填、错填一项扣 1 分，共 5 分。

5S 待完成步骤	结合完成情况打勾
关闭电池开关，正确拆除导线	完成□　未完成□
检查设备完好情况以及电池电量	完成□　未完成□
清洁设备并归位	完成□　未完成□
清洁实训工位	完成□　未完成□
整理实训工单	完成□　未完成□

七、课后习题

得分：_____ 评分规则：每空 1 分，少填、错填一空扣 1 分，共 10 分。

1. 选择题

（1）场效应晶体管是用（　　）控制漏极电流的。

A. 栅极电流　　B. 栅极电压　　C. 漏极电流　　D. 漏极电压

（2）场效应晶体管与（　　）的功能类似。

A. 电容　　B. 继电器　　C. 线圈　　D. 电池

（3）场效应晶体管本质上是一个（　　）。

A. 电流控制电流的元件　　B. 电流控制电压的元件
C. 电压控制电流的元件　　D. 电压控制电压的元件

（4）电磁阀的位置控制使用的是（　　）信号。

A. 占空比　　B. 电压　　C. 电流　　D. 电阻

（5）在控制电路中场效应晶体管可以理解为（　　）。

A. 电阻　　B. 开关　　C. 电源　　D. 电容

2. 判断题

（1）场效应晶体管的作用与二极管类似。（　　）

（2）场效应晶体管是电流控制型器件。（　　）

（3）场效应晶体管可以分为增强型和耗尽型两种。（　　）

（4）场效应晶体管可以用作电子开关。（　　）

（5）场效应晶体管有三个电极：发射极 E、栅极 G 和集电极 C。（　　）

评分汇总

项　　目		分数	
		总分	得分
一、课前资讯		5	
二、任务实施	1. 实训一：场效应晶体管原理实训	45.5	
	2. 实训二：汽车电磁阀原理实训	34	
三、5S 检查		5	
四、课后习题		10	
任务总分		99.5	

任务五　IGBT 原理与应用

一、任务目标

◆ 能够叙述 IGBT 的作用和组成。
◆ 能够理解 IGBT 的工作原理。
◆ 能使用万用表对 IGBT 的引脚进行检测并判断。
◆ 通过对 IGBT 实训板的学习，掌握其工作特点。
◆ 正确规范地使用实训板，养成良好的新能源汽车维修职业素养。

二、课前资讯

由老师播放 2.5.1 视频，然后完成以下题目。

得分：_____　　评分规则：每空 1 分，少填、错填一空扣 1 分，共 5 分。

1）IGBT 的全称是绝缘栅双极型晶体管。　　　　　　　　　　　　（　　）
2）IGBT 的优点是可以控制高电压大电流，而且功耗很小。　　　（　　）
3）IGBT 可以用场效应晶体管或者晶体管替代。　　　　　　　　（　　）
4）我国 IGBT 完全要依赖进口，自己无法研发生产。　　　　　　（　　）
5）新能源汽车电机控制器都具有 IGBT，而且成本很高。　　　　（　　）

三、任务导入

新能源汽车日常行驶时，工作电流高达上百安培。电控单元按照驾驶人的操作，精确地控制电机输入电流的变化，这些控制的关键部件就是 IGBT。不仅电机驱动要用 IGBT，新能源汽车的充电桩和空调压缩机也需要 IGBT，其主要作用是将大功率直流电转化成交流电。

本任务实训通过搭建电路分析 IGBT 的工作特性，学习 IGBT 的基本原理，并通过规范的操作养成良好的职业素养。

四、知识准备

知识链接1：IGBT的认知

IGBT（Insulated Gate Bipolar Transistor）即绝缘栅双极型晶体管，是由BJT（双极型晶体管）和MOS（绝缘栅型场效应晶体管）组成的半导体器件，同时具有高输入阻抗和低导通压降两方面的优点，非常适合应用于新能源汽车的电机驱动器系统等。图2-5-1为单管分立IGBT元件。

IGBT模块是由IGBT（绝缘栅双极型晶体管）芯片与FWD（二极管芯片）通过特定的电路封装而成的模块，一般所说的IGBT也指IGBT模块（图2-5-2）。

图2-5-1 单管分立IGBT元件

图2-5-2 IGBT模块

知识链接2：IGBT的内部结构

图2-5-3是一个IGBT内部结构图，N^+区域称为源区，从源区引出的电极称为源极，即发射极E。IGBT的控制电极称为栅极，即门极G。P^+区域称为漏区，附于漏区上的电极称为漏极，即集电极C。增强型、P沟道的IGBT的电路符号如图5-2-4所示。

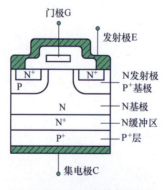

图2-5-3 IGBT内部结构　　　图2-5-4 IGBT的电路符号

知识链接3：IGBT的工作原理

IGBT的等效电路如图2-5-5所示。如果在IGBT的门极和发射极之间加上驱动电压，使得场效应晶体管处于导通状态，则晶体管的基极导通，从而晶体管的集电极和发射极也处于导通状态，此时IGBT相当于闭合的开关。

如果IGBT的门极和发射极之间电压为0V，使得场效应晶体管处于截止状态，则晶体管基极电流也截止，此时IGBT相当于断开的开关。

项目二 新能源汽车电力电子元器件 55

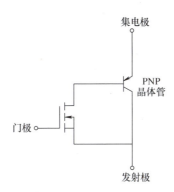

图 2-5-5　IGBT 等效电路

知识链接 4：IGBT 引脚的检测识别

用万用表电阻档测量 IGBT 时，某一极与其他两极的阻值都显示为无穷大，如果调换表笔后该极与其他两极的阻值仍为无穷大，则可以判断此极为门极。其余的两极再使用万用表测量，如果测得的阻值为无穷大，调换表笔后测量阻值比较小，则在测量阻值较小的一次中，可以判断红表笔接的为集电极，黑表笔接的为发射极。

知识链接 5：IGBT 开关应用的原理

IGBT 有 3 个接口，其中集电极、发射极连接在强电电路上，门极连接控制单元的输出引脚。当控制单元对门极输出一个高电平信号，集电极与发射极之间就处于导通状态，相当于闭合开关；当控制单元对门极输出一个低电平信号，集电极与发射极之间就处于截止状态，相当于断开开关。图 2-5-6 为 IGBT 开关控制电路。

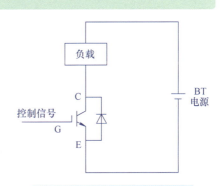

图 2-5-6　IGBT 开关控制电路

知识链接 6：IGBT 与场效应晶体管的区别

IGBT 与场效应晶体管类似，作用相当于"继电器"，通过控制门极高低电平来控制集电极与发射极的导通或截止。场效应晶体管和 IGBT 都可以用高低电平信号来控制电路通断，但 IGBT 的优点是：在高电流高电压的环境下，IGBT 作为电子开关切换通断的速度是最快的，1s 内可以开关几万次，更能满足汽车逆变器的工作要求。

知识链接 7：IGBT 在新能源汽车上的应用

IGBT 模块大约占电机驱动系统成本的 50%，而电机驱动系统占整车成本的 15%~20%，是除电池之外成本最高的元件，也决定了整车的驱动性能。

IGBT 利用高频开关产生交流电，然后利用电磁原理转换成高压交流电，再整流，不能直接变换为高压电。新能源汽车在行驶过程中，电机驱动器内的 IGBT 组高频率地切换通断状态，将动力蓄电池的高压直流电转换成驱动电机需要的三相交流电。图 2-5-7 所示为 IGBT 在新能源汽车上的应用。

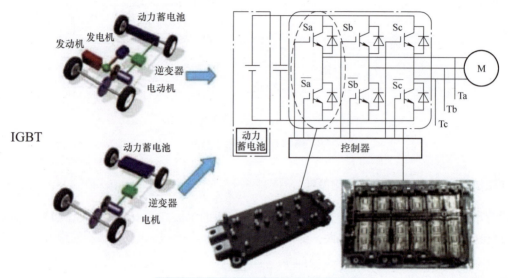

图 2-5-7　IGBT 在新能源汽车上的应用

五、任务实施

1. 实训设备认知

得分：_____　评分规则：每空 0.5 分，少填、错填一空扣 0.5 分，共 10 分。

2.5.2
实训板认知

在标号对应空格处填写实训板组成部件的名称及作用。

实训板	序号	名称	作 用
	1		
	2		
	3		
	4		
	5		
	6		
	7		
	8		
	9		
	10		

2. 实训设备检查与准备

得分：_____　评分规则：每项 1 分，少填、错填一项扣 1 分，共 9 分。

检查设备并规范操作后填写下表。

实训设备检查表

设　　备	检　　查	结　果 是否正常？
IGBT 功率管特性实训板	目测 IGBT 功率管是否损坏	是□ 否□
	目测灯泡及相关元件是否正常	是□ 否□
	检查电压调节旋钮工作情况	是□ 否□
	连接口是否牢固、污损	是□ 否□
	异常记录	
导线	目测外观无破损、用万用表检查通断情况	是□ 否□
	阻值：（　　）Ω	是□ 否□
	异常记录	

3. 识读电路图

> 得分：_____　评分规则：每空 1 分，少填、错填一空扣 1 分，共 5 分。

识读电路图 2-5-8。

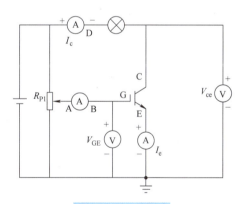

图 2-5-8　电路图

1）可调电阻的作用是：通过旋转可调电阻，改变 IGBT 的_____（门极、集电极、发射极）电压。

2）IGBT 的门极与发射极之间电阻非常_____（大/小），可以视为_____（短路/断路），所以灯泡与 IGBT 相当于是串联关系。电流的方向是：电源正极→电流表→_____→IGBT 的集电极→IGBT 的_____极→电流表→电源负极。

调节可调电阻，与门极并联的电压表读数发生变化，与门极串联的电流表读数接近零，说明门极与发射极之间的电阻非常大。缓慢改变门极电压大小，通过观察灯泡的明暗程度来判断 IGBT 的通断状态。

4. 电路搭建及验证

> 得分：_____　评分规则：每空 1 分，少填、错填一空扣 1 分，共 52 分；结论 2 分一空，少填、错填一空扣 2 分，共 2 分；正确连接电路图得 2 分，视情况可扣 0~2 分，共 2 分；总分 56 分。

根据电路图正确连接电路模块。图 2-5-9 为模块、实训板和电流表。

2.5.3 实训板操作

图 2-5-9　模块、实训板和电流表

注意：连接电路前，确认电源开关处于断开状态。接线无误后，检查导线安装是否牢靠。

（1）探究电压 V_{GE} 与流经门极的电流关系

转动可调电阻旋钮，改变 V_{GE} 的大小，并记录流经 G 极的电流大小。

门极与发射极之间电压为 0V 时，流经门极的电流为＿＿mA；
门极与发射极之间电压为 1V 时，流经门极的电流为＿＿mA；
门极与发射极之间电压为 2V 时，流经门极的电流为＿＿mA；
门极与发射极之间电压为 3V 时，流经门极的电流为＿＿mA；
门极与发射极之间电压为 4V 时，流经门极的电流为＿＿mA；
门极与发射极之间电压为 5V 时，流经门极的电流为＿＿mA；
门极与发射极之间电压为 6V 时，流经门极的电流为＿＿mA；
门极与发射极之间电压为 7V 时，流经门极的电流为＿＿mA；
门极与发射极之间电压为 8V 时，流经门极的电流为＿＿mA；
门极与发射极之间电压为 9V 时，流经门极的电流为＿＿mA；
门极与发射极之间电压为 10V 时，流经门极的电流为＿＿mA。

由此实验可以得知，当 V_{GE} 逐渐升高时，I_g 接近于＿＿，可视为门极与发射极之间电阻非常大，电流无法通过。

（2）探究电压 V_{GE} 变化过程中，电流 I_c 与电流 I_e 的关系

门极与发射极之间电压为 0V 时，流入集电极的电流为＿＿mA，流出发射极的电流为＿＿mA；
门极与发射极之间电压为 1V 时，流入集电极的电流为＿＿mA，流出发射极的电流为＿＿mA；
门极与发射极之间电压为 2V 时，流入集电极的电流为＿＿mA，流出发射极的电流为＿＿mA；
门极与发射极之间电压为 3V 时，流入集电极的电流为＿＿mA，流出发射极的电流为＿＿mA；
门极与发射极之间电压为 4V 时，流入集电极的电流为＿＿mA，流出发射极的电流为＿＿mA；

门极与发射极之间电压为5V时，流入集电极的电流为____mA，流出发射极的电流为____mA；
门极与发射极之间电压为6V时，流入集电极的电流为____mA，流出发射极的电流为____mA；
门极与发射极之间电压为7V时，流入集电极的电流为____mA，流出发射极的电流为____mA；
门极与发射极之间电压为8V时，流入集电极的电流为____mA，流出发射极的电流为____mA；
门极与发射极之间电压为9V时，流入集电极的电流为____mA，流出发射极的电流为____mA；
门极与发射极之间电压为10V时，流入集电极的电流为____mA，流出发射极的电流为____mA。
由此实验可知，_____。

（3）探究电压 V_{GE} 与电压 V_{CE} 的关系

门极与发射极之间电压为0V时，集电极与发射极之间电压为____V；
门极与发射极之间电压为1V时，集电极与发射极之间电压为____V；
门极与发射极之间电压为2V时，集电极与发射极之间电压为____V；
门极与发射极之间电压为3V时，集电极与发射极之间电压为____V；
门极与发射极之间电压为4V时，集电极与发射极之间电压为____V；
门极与发射极之间电压为5V时，集电极与发射极之间电压为____V；
门极与发射极之间电压为6V时，集电极与发射极之间电压为____V；
门极与发射极之间电压为7V时，集电极与发射极之间电压为____V；
门极与发射极之间电压为8V时，集电极与发射极之间电压为____V；
门极与发射极之间电压为9V时，集电极与发射极之间电压为____V；
门极与发射极之间电压为10V时，集电极与发射极之间电压为____V。

门极电压上升到____V之前，集电极与发射极之间电压接近电源电压，电流接近于0A，相当于____（闭合/断开）状态下的开关；当门极电压达到____V时，集电极与发射极之间电压接近于0V，电流增大，灯泡____（亮/不亮），相当于开关处于____（闭合/断开）状态；当门极电压继续增大，集电极与发射极之间电压仍然接近于0V，电流变化不大。

由此实验可以得知，IGBT的栅极施加一定的电压后，可以控制IGBT从____（断开/闭合）状态变为____（断开/闭合）状态，等效为一个电压控制的开关。

六、5S 检查

得分：_____   评分规则：每项1分，少填、错填一项扣1分，共5分。

5S 待完成步骤	结合完成情况打勾
关闭电池开关，正确拆除导线	完成☐ 未完成☐
检查设备完好情况以及电池电量	完成☐ 未完成☐
清洁设备并归位	完成☐ 未完成☐
清洁实训工位	完成☐ 未完成☐
整理实训工单	完成☐ 未完成☐

七、课后习题

得分：_____ 评分规则：每空 1 分，少填、错填一空扣 1 分，共 10 分。

1. 选择题

（1）IGBT 又称为（　　）。
A.绝缘栅双极型晶体管　　B.晶体管　　C.场效应晶体管　　D.MOS 晶体管

（2）IGBT 的图形符号是（　　）。

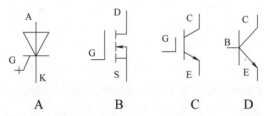

（3）IGBT 作为电控开关时，可以类比为（　　）。
A.继电器　　B.二极管　　C.电阻　　D.电容

（4）在 IGBT 的（　　）之间加上驱动电压，则 IGBT 的发射极与集电极处于导通状态。
A.栅极与集电极　　B.栅极与发射极
C.集电极与发射极　　D.A、B、C 都正确

（5）某一极与其他两极的阻值都为无穷大，则可以判断此极为（　　）。
A.栅极　　B.发射极　　C.集电极　　D.无法确定

2. 判断题

（1）IGBT 可以作为电子开关来使用。　　　　　　　　　　　　　　　（　　）
（2）IGBT 有 3 个极，分别是集电极、发射极和基极。　　　　　　　　（　　）
（3）IGBT 作为开关使用时，有响应速度快的优点。　　　　　　　　　（　　）
（4）门极与发射极之间电阻非常大，可视为断开。　　　　　　　　　　（　　）
（5）通过控制 IGBT 发射极的电平，可间接控制集电极与发射极的导通或截止。（　　）

评分汇总

项　目		分数	
		总分	得分
一、课前资讯		5	
二、任务实施	1.实训设备认知	10	
	2.实训设备检查与准备	9	
	3.识读电路图	5	
	4.电路的搭建及验证	56	
三、5S 检查		5	
四、课后习题		10	
任务总分		100	

项目三 新能源汽车电压转换电路

任务一　DC/DC 电路原理与应用

一、任务目标

- 能够叙述 DC/DC 电路的功用，知道其在汽车上的作用。
- 能理解电路降压稳压和滤波的应用。
- 能掌握 DC/DC 变换器的结构组成和工作原理。
- 能使用示波器测量 DC/DC 变换器的波形，并能做出波形分析。
- 正确规范地使用实训板，养成良好的新能源汽车维修职业素养。

二、课前资讯

由老师播放 3.1.1 视频，然后完成以下题目。

得分：_____　评分规则：每空 1 分，少填、错填一空扣 1 分，共 5 分。

1）DC/DC 变换器指的是将直流变换成交流的控制装置。（　　）
2）DC/DC 变换器发生故障时整车性能不受影响。（　　）
3）DC/DC 变换器可以将高压转换成低压或者将低压转换成高压。（　　）
4）新能源汽车如低压蓄电池无法充电一般是 DC/DC 变换器故障所致。（　　）
5）DC/DC 变换器故障一般情况是整体更换，如果技术到位可以修复损坏的零部件。（　　）

三、任务导入

燃油汽车正常运转时，发动机通过传动带带动发电机发电，然后向蓄电池充电。与燃油汽车蓄电池的充电方式不同，新能源汽车是利用 DC/DC 变换器将动力蓄电池的高压直流电转变成低压直流电后对辅助蓄电池充电。

本任务实训通过搭建电路，分析 DC/DC 变换器模块的工作特性，学习 DC/DC 电路的基本原理，并通过规范操作养成良好的职业素养。

四、知识准备

知识链接 1：DC/DC 变换器的认知

图 3-1-1 为新能源汽车 DC/DC 变换器应用结构图。DC/DC 变换器的作用是将高压直流电变

换为低压直流电,或者是将低压直流电变换为高压直流电,它在新能源汽车上主要有两种应用。

1)动力蓄电池输出的是高于 200V 的直流高压电,而汽车的用电设备使用的是 12V 直流低压电,这就需要 DC/DC 变换器来进行电压的降压转换。

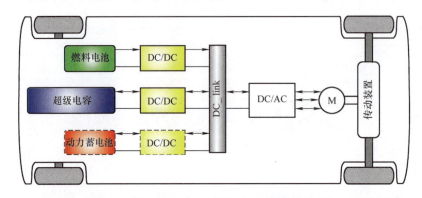

图 3-1-1　新能源汽车 DC/DC 变换器应用结构图

2)三相电网向充电桩输入交流电时,经过整流电路整流变成低压直流电,滤波后输入 DC/DC 变换器,经过变换输出需要的高压直流电,再次滤波后为新能源汽车的动力蓄电池充电,如图 3-1-2 所示。

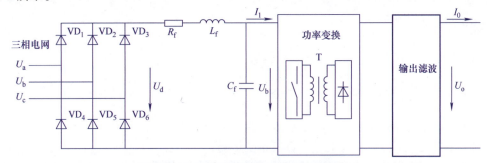

图 3-1-2　新能源汽车充电电流转换图

知识链接 2:降压稳压集成电路 L7805 与 AMS1117 的认识

降压稳压集成电路采用一定的工艺,把电路中所需要的晶体管、电阻和电容等基础元件以及导线连接在一起,然后封装在一个外壳内,制作成能实现特定功能的一块整体。

L7805 与 AMS1117 集成电路都有三个端子,分别是输入端、接地端和输出端,如图 3-1-3 所示。正常工作时,L7805 的输入电压为 12V 的直流电压,输出为 5V 直流电压;AMS1117 的输入电压为 12V 的直流电压,输出为 3.3V 直流电压。

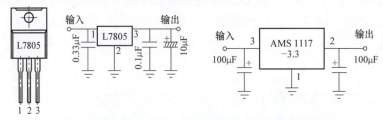

图 3-1-3　L7805(左)与 AMS1117(右)集成电路

知识链接 3：滤波电路的原理

滤波电路通常由电感线圈和电容组成，应用在各种常见的电源电路中，经滤波的电源可以使输出电压更加稳定，如图 3-1-4 所示。

电感线圈滤波原理：线圈串联在电路中，当电流发生变化时，线圈的感应电动势将阻碍电流的变化。即，线圈的电流增大时，自感电动势与电流的方向相反，阻止电流的增加；线圈的电流减小时，自感电动势与电流方向相同，阻碍电流的减小。

电容滤波原理：电容并联在电路中，当电路中的电压高于电容电压时，将会给电容充电，缓冲电压的升高。当电路中的电压低于电容的电压时，电容将会向电路放电，以此来减缓电路中电压的变化，从而达到平顺电压波形的功能。

本实训板使用的是电解电容，可以根据外观标识来区分正负极。注意：在更换电容时需要区分正负极，不可接反，否则有膨胀爆炸的危险。

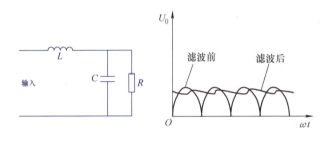

图 3-1-4 滤波电路与波形图

知识链接 4：低压转高压 DC/DC 变换器的工作原理

DC/DC 变换器内部的 4 个 IGBT 分为两组，如图 3-1-5 所示，VT1 和 VT2 为一组，VT3 和 VT4 为另一组。其中一组 IGBT 导通时，则另一组 IGBT 截止，两组 IGBT 高频率地轮流导通截止，把输入的低压直流电转变成高频率的低压交流电。最后经过变压器的升压，并由两个二极管整流和电容电感进一步滤波后，低压直流电转换成高压直流电。

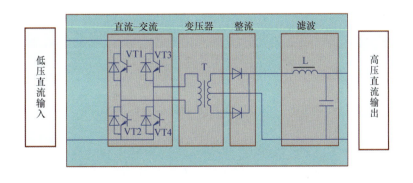

图 3-1-5 DC/DC 变换器工作原理

五、任务实施

实训一：DC/DC 降压控制原理实训

1. 实训设备认知

得分：_____   评分规则：每空 0.5 分，少填、错填一空扣 0.5 分，共 9 分。

3.1.2 实训板认知

在标号对应空格处填写实训板组成部件的名称及作用。

实 训 板	序号	名称	作 用
	1		
	2		
	3		
	4		
	5		
	6		
	7		
	8		
	9		

2. 实训设备检查与准备

得分：_____   评分规则：每项 1 分，少填、错填一项扣 1 分，共 9 分。

检查设备并规范操作后填写下表。

实训设备检查表

设　　备	检　　查	结果 是否正常？
DC/DC 降压控制实训板	目测晶体管元件是否正常	是□ 否□
	目测电容及相关元件是否正常	是□ 否□
	通电检查电压调节旋钮工作情况	是□ 否□
	连接口是否牢固、污损	是□ 否□
	异常记录	
导线	目测外观无破损、用万用表检查通断情况	是□ 否□
	阻值:(　　)Ω	是□ 否□
	异常记录	

3. 识读电路图

识读电路图 3-1-6。

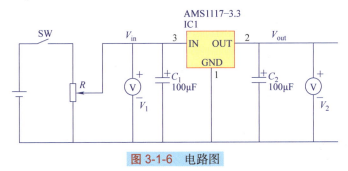

图 3-1-6　电路图

1）调节可调电阻位置，模拟输入电压的波动。稳压器的输入端与电容并联，具有滤波的作用。

2）输出端经 100μF 电容滤波后，输出稳定的直流电。

3）通过对比输入端和输出端电压，进行总结。

4. 电路搭建及验证

> 得分：_____　　评分规则：填空1分一空，少填、错填一空扣1分，共18分；结论2分一空，少填、错填一空扣2分，共4分；正确描绘图像得2分，视情况可扣0~2分，共4分；正确连接电路图得2分，视情况可扣0~2分，共2分；总分28分。

根据电路图正确连接电路模块。图 3-1-7 为模块、实训板和电压表。

图 3-1-7　模块、实训板和电压表

3.1.3 实训板操作

注意：连接电路前，确认电源开关处于断开状态。接线无误后，检查导线安装是否牢靠。

（1）探究 AMS1117 的输入电压与输出电压的关系，并且画出 AMS1117 特性图（图 3-1-8）旋转可调电阻旋钮，调节 AMS1117 输入端的电压大小，记录相应输出端电压大小。

输入端的电压为 2V 时，相应的输出端电压为____V；

输入端的电压为 4V 时，相应的输出端电压为____V；

输入端的电压为 6V 时，相应的输出端电压为____V；

输入端的电压为 8V 时，相应的输出端电压为____V；

输入端的电压为 10V 时，相应的输出端电压为____V。

输入为____（直流电 / 交流电），输出为____（直流电 / 交流电）。输入电压达到 3.3V 以前，输出端电压的变化情况为_____；当输入电压超过 3.3V 以后，输出端电压的变化情况为____。

由此实验可以得知，_____。

（2）探究 L7805 的输入电压与输出电压的关系，并且画出 L7805 特性图（图 3-1-8）

旋转可调电阻旋钮，调节 L7805 输入端的电压大小，记录相应输出端电压大小。

输入端的电压为 2V 时，相应的输出端电压为____V；

输入端的电压为 4V 时，相应的输出端电压为____V；

输入端的电压为 6V 时，相应的输出端电压为____V；

输入端的电压为 8V 时，相应的输出端电压为____V；

输入端的电压为 10V 时，相应的输出端电压为____V。

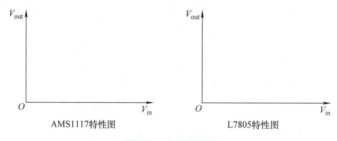

图 3-1-8　特性图

输入为____（直流电 / 交流电），输出为____（直流电 / 交流电）。输入电压达到 5V 以前，输出端电压的变化情况为____；当输入电压超过 5V 以后，输出端电压的变化情况为____。

由此实验可以得知，_____。

实训二：DC/DC 升压控制原理实训

1. 实训设备认知

得分：_____　评分规则：每空 0.5 分，少填、错填一空扣 0.5 分，共 9 分。

在标号对应空格处填写实训板组成部件的名称及作用。

实训板	序号	名称	作 用
	1		
	2		
	3		
	4		
	5		
	6		
	7		
	8		
	9		

2. 实训设备检查与准备

> **得分：**_____ **评分规则：** 每项 1 分，少填、错填一项扣 1 分，共 10 分。

检查设备并规范操作后填写下表。

实训设备检查表

设备	检查	结果 是否正常？
DC/DC 升压特性实训板	目测线圈元件是否正常	是□ 否□
	目测电容及相关元件是否正常	是□ 否□
	目测电极端是否正常	是□ 否□
	检查电压调节旋钮工作情况	是□ 否□
	连接口是否牢固、污损	是□ 否□
	异常记录	
导线	目测外观无破损、用万用表检查通断情况	是□ 否□
	阻值：( ) Ω	是□ 否□
	异常记录	

3. 识读电路图

识读电路图 3-1-9。

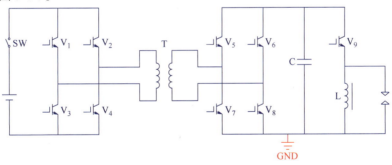

图 3-1-9 电路图

1）电路中的 V_1、V_4、V_5、V_8 为一组，V_2、V_3、V_6、V_7 为另一组，两组 IGBT 轮流导通，使低压直流电变为低压交流电。

2）经过线圈升压并整流后，电能转化为磁能储存在线圈 L 中，当 V_9 截止瞬间，线圈产生极高感应电动势击穿空气放电。

4. 电路搭建及验证

> **得分：**_____ **评分规则：** 填空 1 分一空，少填、错填一空扣 1 分，共 4 分；结论 2 分一空，少填、错填一空扣 2 分，共 4 分；正确描绘图像得 2 分，视情况可扣 0~2 分，共 4 分；正确连接电路图得 2 分，视情况可扣 0~2 分，共 2 分；总分 14 分。

根据电路图正确连接电路模块。图 3-1-10 为模块、实训板和示波器。

3.1.5 实训板操作

图 3-1-10　模块、实训板和示波器

注意：连接电路前，确认电源开关处于断开状态。接线无误后，检查导线安装是否牢靠。

（1）探究频率不变的条件下，DC/DC 升压输入端电压与输出端电压的关系

接通电源，使用示波器测量低压端的振荡信号和高压端的高压脉冲输出，并记录波形（图 3-1-11）。

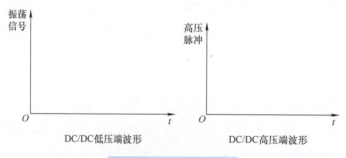

图 3-1-11　DC/DC 波形

输入端电压的最大值为＿＿V，输出端电压的最大值为＿＿V。由此实验可以得知，DC/DC 电路可以将＿＿（低压 / 高压）直流电变为＿＿（低压 / 高压）直流电。

（2）探究不同频率的条件下，DC/DC 升压输入端电压与输出端电压的关系

调节速度旋钮，改变低压端振荡信号的频率。在频率较低的条件下，输出端电压的情况是＿＿；在频率较高的条件下，输出端电压的情况是＿＿。

六、5S 检查

得分：＿＿＿＿＿＿　评分规则：每项 1 分，少填、错填一项扣 1 分，共 5 分。

5S 待完成步骤	结合完成情况打勾
关闭电池开关，正确拆除导线	完成□　未完成□
检查设备完好情况以及电池电量	完成□　未完成□
清洁设备并归位	完成□　未完成□
清洁实训工位	完成□　未完成□
整理实训工单	完成□　未完成□

七、课后习题

得分：＿＿＿＿＿＿　评分规则：每题 1 分，少填、错填一题扣 1 分，共 10 分。

1. 选择题

（1）DC/DC 变换器的作用是（　　　）。
A. 高压直流电转换成低压直流电　B. 低压直流电转换成高压直流电
C. 低压直流电转换成高压交流电　D. A 和 B 都正确

（2）线圈（　　　）电路中，当电流增大时，自感电动势与电流的方向（　　　），阻止电流的增加。
A. 并联　相同　　B. 并联　相反
C. 串联　相同　　D. 串联　相反

（3）负载电压（　　　）于电容的电压时，电容将会对负载（　　　），以此来减缓负载电压的变化，从而达到平顺电压波形的功能。
A. 低　充电　　B. 低　放电　　C. 高　放电　　D. B 和 C 都对

（4）低压转高压 DC/DC 变换器是通过两个（　　　）互感实现电压变换的。
A. 线圈　　B. 电容　　C. 电阻　　D. 都不对

（5）低压转高压 DC/DC 变换器将低压直流电转换成高频的交流电，通过变压器的（　　　）和二极管的（　　　），然后滤波后输出高压直流电。
A. 升压　滤波　　B. 降压　整流　　C. 升压　整流　　D. 降压　滤波

2. 判断题

（1）新能源汽车的 DC/DC 变换器是将动力蓄电池输出的高压直流电转变成低压交流电。
　　　　　　　　　　　　　　　　　　　　　　　　　　　　　　　　（　　　）
（2）滤波电路一般由线圈和电容组成。　　　　　　　　　　　　　　（　　　）
（3）新能源汽车 DC/DC 变换器将高压直流电转变成低压直流电后，向车辆用电设备供电。
　　　　　　　　　　　　　　　　　　　　　　　　　　　　　　　　（　　　）
（4）新能源汽车的 DC/DC 变换器内部有稳压电路。　　　　　　　　（　　　）
（5）DC/DC 变换器的原理同交流变压器完全一样。　　　　　　　　（　　　）

评分汇总

项目		分数	
		总分	得分
一、课前资讯		5	
二、任务实施	1. 实训一：DC/DC 降压控制原理实训	46	
	2. 实训二：DC/DC 升压控制原理实训	33	
三、5S 检查		5	
四、课后习题		10	
任务总分		99	

任务二　三相交流电整流电路原理

一、任务目标

◆ 能够描述三相交流电的特征。
◆ 知道三相交流发电机的结构与原理。
◆ 能够理解三相交流电的整流工作原理。
◆ 能够通过使用示波器检测三相交流整流电路的波形，做出正确分析。
◆ 正确规范地使用实训板，养成良好的新能源汽车维修职业素养。

二、课前资讯

由老师播放 3.2.1 视频，然后完成以下题目。

得分： _____　评分规则：每空 1 分，少填、错填一空扣 1 分，共 5 分。

1）三相交流电是三相交流发电机发出来的。　　　　　　　　　　　　（　　）
2）三相交流电的特点是相位相隔 120°，频率、幅值相同。　　　　　　（　　）
3）三相交流电通过三相桥式整流电路整流成直流电。　　　　　　　　（　　）
4）新能源汽车电机可用作三相交流发电机。　　　　　　　　　　　　（　　）
5）新能源汽车能量回收是三相交流电整流滤波成直流电的过程。　　　（　　）

三、任务导入

燃油汽车减速或制动时，制动系统将车辆动能转变为热能，并向大气中释放，无法回收能量。而新能源汽车在减速或制动过程中，可以将汽车动能转换成三相交流电，然后经过整流电路,将三相交流电转换成直流电对动力蓄电池充电,实现回收制动能量的目的。

本任务实训通过搭建电路,测量三相交流发电机的电压波形,学习其基本原理以及三相交流电的整流过程,并通过规范操作,养成良好的职业素养。

四、知识准备

知识链接1:三相交流电的特征

三相交流电是由三个频率相同、振幅相等,但相位差互错开120°的交流电组成,如图3-2-1所示,其中每根相线与中性线之间的电压称为相电压,A、B、C三相引出线相互之间的电压称为线电压。

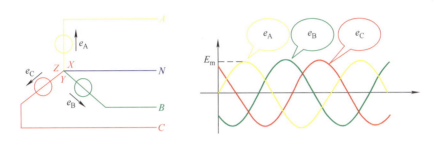

图3-2-1 三相交流电波形

知识链接2:三相交流发电机的结构

三相交流发电机定子的内壁均匀分布着6个槽,嵌入3个相互间隔120°的线圈,如图3-2-2所示,分别称为A相线圈、B相线圈、C相线圈。3个线圈的公共点引出线是中性线,每个线圈的引出线是相线。

三相交流发电机的转子是一块永久磁铁,并且被包围在线圈的内部。转子做匀速旋转时,磁铁产生旋转磁场,相当于线圈做切割磁感线的运动。3个线圈中每一条都会感应出交流电动势,从而产生三相交流电。

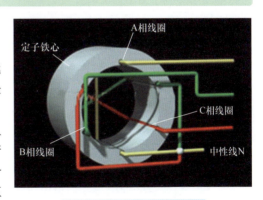

图3-2-2 三相发电机定子

知识链接3:三相整流电路的原理

三相整流电路主要由6个整流二极管组成,并分为3组:VD_1和VD_2、VD_3和VD_4、VD_5和VD_6。而且不管任何时刻,每一组有且只有一个二极管导通,如图3-2-3所示。

整流电路的工作过程:电流从电位最高的相线出发,经VD_1、VD_3、VD_5的某一个,通过负载R_L以后,再由VD_2、VD_4、VD_6中的某一个流回电位最低的相。

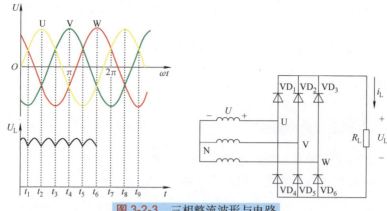

图 3-2-3　三相整流波形与电路

知识链接 4：三相交流电整流在新能源汽车上的应用

在新能源汽车上，发电机和电动机是同一台电机，主要由定子、转子、外壳等组成。电动机是定子绕组接通三相交流电后驱动转子转动，将电能转化为机械能。而发电机则是外力带动转子旋转，使定子绕组切割磁感线产生电流，从而将机械能转化为电能。

新能源汽车减速或制动过程中，由于惯性的作用，车轮通过传动机构使电动机的转子受力转动，定子绕组切割磁感线，从而产生三相交流电。因为动力蓄电池的充电电流是直流电，所以需要三相整流电路进行整流后才能完成能量回收，如图 3-2-4 所示。

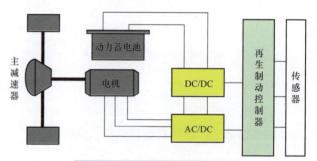

图 3-2-4　制动能量回收示意图

五、任务实施

1. 实训设备认知

3.2.2 实训板认知

3.2.4 实训板认知

得分：_____　评分规则：每空 1 分，少填、错填一空扣 1 分，共 30 分。

在标号对应空格处填写实训板组成部件的名称及作用。

实 训 板	序号	名称	作　用
	1		
	2		
	3		
	4		
	5		
	6		
	7		
	8		

项目二 新能源汽车电压转换电路

（续）

实 训 板	序号	名称	作　用
	1		
	2		
	3		
	4		
	5		
	6		
	7		

2. 实训设备检查与准备

得分：_____　　评分规则：每项1分，少填、错填一项扣1分，共13分。

检查设备并规范操作后填写下表。

实训设备检查表

设　备	检　查	结果
		是否正常？
永磁交流发电机原理实训板	目测电动机是否正常	是□ 否□
	目测发电机是否正常	是□ 否□
	检查转速调节旋钮工作情况	是□ 否□
	连接口是否牢固、污损	是□ 否□
	异常记录	
AC/AC 三相变单相实训板	检查二极管元件是否正常	是□ 否□
	检查发光二极管是否正常	是□ 否□
	连接口是否牢固、污损	是□ 否□
	异常记录	
导线	目测外观无破损、用万用表检查通断情况	是□ 否□
	阻值：（　　）Ω	是□ 否□
	异常记录	

3. 识读电路图

得分：_____　　评分规则：每空3分，少填、错填一空扣3分，共3分。

识读电路图 3-2-5。

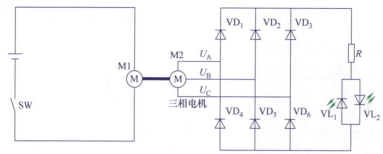

图 3-2-5 电路图

1）接通电源开关，直流电动机带动三相交流发电机输出三相交流电，模拟新能源汽车制动过程中车轮带动三相电机发电。

2）三相交流发电机发出的三相交流电经过整流电路转变成直流电，点亮正向偏置的二极管。例如：当 UA 和 UB 电势高，UB 电势较低时，电流流动方向：三相电机的 UA 端子→____→电阻 R→二极管 VL_2→二极管 VD_6→三相电机的 UC 端；三相电机的 UB 端→二极管 VD_2→电阻 R→二极管 VL_2→二极管 VD_6→三相电机的 UC 端。

4. 电路搭建及验证

> 得分：_____ 评分规则：填空 2 分一空，少填、错填一空扣 2 分，共 20 分；结论 4 分一空，少填、错填一空扣 4 分，共 4 分；正确描绘图像得 3 分，视情况可扣 0~3 分，共 6 分；正确连接电路图得 4 分，视情况可扣 0~4 分，共 4 分；总分 34 分。

根据电路图正确连接电路模块。图 3-2-6 为模块、实训板和示波器。

图 3-2-6 模块、实训板和示波器

注意：连接电路前，确认电源开关处于断开状态。接线无误后，检查导线安装是否牢靠。

（1）探究三相交流电的特征

使用示波器，同时测量 A 相、B 相和 C 相的电压波形并记录。

接通电源，电机带动三相交流发电机。三相交流发电机每一相都为____（交流电/直流电），任意两相的周期____（相等/不相等），任意两相之间相位

3.2.3 实训板操作

差为____。A相的电压峰值为____V；B相的电压峰值为____V；C相的电压峰值为____V。即，每一相的电压峰值大小____（相等/不相等）。

（2）探究三相整流电路的整流作用

使用示波器测量输出电压波形并记录（图3-2-7）。

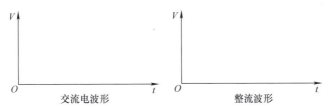

图 3-2-7　交流电及整流波形

接通电源，电机带动三相交流发电机，二极管_____（VL₁/VL₂）常亮，二极管_____VL₁/VL₂常灭，说明电流向电阻的_____（上端/下端）流过。

由此实验可知，_____。

六、5S 检查

得分：_____　评分规则：每项1分，少填、错填一项扣1分，共5分。

5S 待完成步骤	结合完成情况打勾
关闭电池开关，正确拆除导线	完成□　未完成□
检查设备完好情况以及电池电量	完成□　未完成□
清洁设备并归位	完成□　未完成□
清洁实训工位	完成□　未完成□
整理实训工单	完成□　未完成□

七、课后习题

得分：_____　评分规则：每空1分，少填、错填一空扣1分，共10分。

1. 选择题

（1）交流发电机转子的作用是（　　）。

A. 产生三相交流电动势　B. 产生旋转磁场　C. 产生电流　D. 变交流为直流

（2）交流发电机中输出三相交流电的装置是（　　）。

A. 转子　　　　　B. 定子　　　　　C. 电枢　　　　　D. 整流器

（3）下列四项描述三相交流发电机定子，正确的一项是（　　）。

A. 产生感应电动势　　　B. 主要由永久磁铁构成

C. 具有整流的作用　　　D. 磁铁产生旋转的磁场

（4）发电机是利用（　　）的原理进行发电的。

A. 磁生电　　　　B. 电生磁　　　　C. a 和 b　　　　D. 都不对

（5）交流发电机需要经过（　　）后，输出直流电。
A. 节压器　　　B. 限流器　　　C. 断流器　　　D. 整流器

2. 判断题

（1）整流器是利用二极管的单向导通性将交流电变成直流电的。（　　）
（2）三相交流发电机和三相交流电动机的结构是不相同的。（　　）
（3）每根相线与中性线之间的电压称为线电压。（　　）
（4）在一个三相桥式整流电路中有二极管损坏不影响整流效果。（　　）
（5）三相交流发电机正常工作时，转子输出三相交流电。（　　）

评分汇总

项　目		分数	
		总分	得分
一、课前资讯		5	
二、任务实施	1. 实训设备认知	30	
	2. 实训设备检查与准备	13	
	3. 识读电路图	3	
	4. 电路搭建及验证	34	
三、5S 检查		5	
四、课后习题		10	
任务总分		100	

任务三　单相变三相电路原理

一、任务目标

◆ 知道电机控制器的作用和逆变器的原理。
◆ 能够理解二极管在电路中的续流作用。
◆ 能使用示波器测量单相变三相电路的波形，并正确做出分析。
◆ 正确规范地使用实训板，养成良好的新能源汽车维修职业素养。

二、课前资讯

由老师播放 3.3.1 视频，然后完成以下题目。

得分：_____ 评分规则：每空 1 分，少填、错填一空扣 1 分，共 5 分。

1）新能源汽车控制器将直流电逆变成三相交流电来驱动电机。（   ）
2）逆变器的核心控制技术是 PWM 调制电路。（   ）
3）单相变三相电路同样需要整流与滤波电路。（   ）
4）电机控制器输出电压幅值控制动力，频率控制速度。（   ）
5）新能源汽车采用的逆变器是由电机性质决定的。（   ）

三、任务导入

动力蓄电池只能对车辆提供直流电，但是大部分新能源汽车使用的电机都是三相交流电机。因此驱动三相交流电机的技术关键是把直流电变成三相交流电后，提供给三相交流电机，使三相交流电机的转速和转矩满足汽车行驶的要求。

本任务实训通过搭建电路，测量单相变三相电路，学习逆变器的基本原理以及作用，并通过规范的操作，养成良好的职业素养。

四、知识准备

知识链接 1：电机控制器的认知

电机控制器主要由逆变器和控制器两部分组成。逆变器负责将动力蓄电池输送过来的直流电转变成三相交流电后，对电机供电。控制器负责接收各种信号，并改变逆变器的工作频率，从而实现汽车的加速或减速。新能源汽车使用的驱动电机通常是三相交流异步电机或三相永磁同步电机。当对电机输入三相交流电时，电机转子可以旋转对外做功，从而驱动汽车行驶。

从外观上看，如图 3-3-1 所示，一般的电机控制器最少具备两对高压接口。一对输入接口，用于连接动力蓄电池包高压接口的正负极；另外一对是高压输出接口，用于连接电机的三相输入接口。

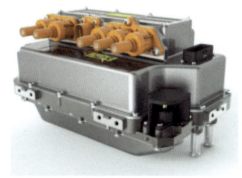

图 3-3-1　电机控制器

知识链接 2：逆变器的原理

逆变器的作用是将直流电转换为交流电，主要由 6 个 IGBT 组成，每一相的输出线从连接正负母线的 IGBT 之间引出。

其工作过程如图 3-3-2 所示。为了将直流电变成交流电，6 个 IGBT 会按照特定的次序导通和关闭。一个正弦交流电的周期是 360°，每一相错开 120° 输出同频率的交流电，连接驱动电机后就会在电机定子内部产生旋转磁场，因此转子可以旋转做功。

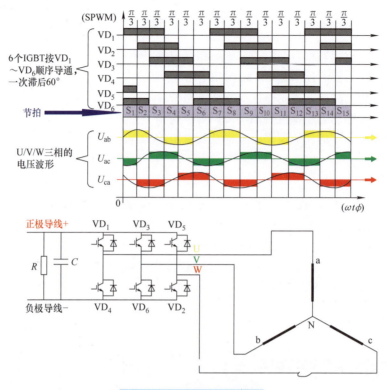

图 3-3-2　逆变器工作过程

知识链接 3：IGBT 模块中二极管的续流保护

续流二极管是指以并联的方式连接在 IGBT 两端的二极管，如图 3-3-3 所示。当 IGBT 处于导通状态时，因为续流二极管反向偏置，所以不起作用。当 IGBT 处于截止状态时，电机定子线圈产生的反向突变电流可以绕过 IGBT 元件，通过正向偏置的续流二极管进行放电，从而使感应电流可以平缓地释放，防止击穿 IGBT 元件，提高 IGBT 模块的安全性。

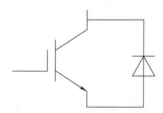

图 3-3-3　续流二极管电路中的连接方式

五、任务实施

1. 实训设备认知

得分：_____　　评分规则：每空 1 分，少填、错填一空扣 1 分，共 22 分。

在标号对应空格处填写实训板组成部件的名称及作用。

3.3.2
实训板认知

实训板	序号	名称	作用
	1		
	2		
	3		
	4		
	5		
	6		
	7		
	8		
	9		
	10		
	11		

2. 实训设备检查与准备

得分：_____ 评分规则：每项1分，少填、错填一项扣1分，共8分。

检查设备并规范操作后填写下表。

实训设备检查表

设备	检查	结果
		是否正常？
单相变三相电压实训板	目测显示器是否正常	是□ 否□
	检查各开关工作情况是否正常	是□ 否□
	连接口是否牢固、污损	是□ 否□
	异常记录	
导线	目测外观无破损、用万用表检查通断情况	是□ 否□
	阻值：（ ）Ω	是□ 否□
	异常记录	

3. 识读电路图

得分：_____ 评分规则：每空3分，少填、错填一空扣3分，共3分。

识读电路图3-3-4。

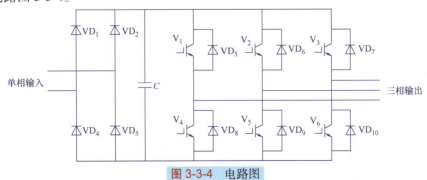

图3-3-4 电路图

交流电源经过整流与滤波后，输入到DC/AC变换器，控制器根据特定的顺序控制_____的通断，使直流电转变成三相交流电。

4. 电路搭建及验证

> 得分：_____　评分规则：每空 3 分，少填、错填一空扣 3 分，共 18 分；正确描绘图像得 4 分；视情况可扣 0~4 分，共 24 分；正确连接电路图得 5 分，视情况可扣 0~5 分，共 5 分；总分 47 分。

根据电路图正确连接电路模块。图 3-3-5 为模块、实训板和示波器。

3.3.3 实训板操作

图 3-3-5　模块、实训板和示波器

注意：连接电路前，确认电源开关处于断开状态。接线无误后，检查导线安装是否牢靠。

（1）探究单相变三相电压的相电压特征

接通电源，使用示波器分别测量 U 端子与 N 端子之间的电压、V 端子与 N 端子之间的电压、W 端子与 N 端子之间的电压，并记录波形（图 3-3-6）。

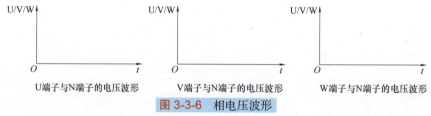

图 3-3-6　相电压波形

观察波形可以发现，三相电源之间的相电压频率_____（相同 / 相异），振幅_____（相等 / 不等），任意两相之间的相位差为_____。

（2）探究单相变三相电压的线电压特征

接通电源，使用示波器分别测量 U 端子与 V 端子之间的电压、V 端子与 W 端子之间的电压、W 端子与 U 端子之间的电压，并记录波形（图 3-3-7）。

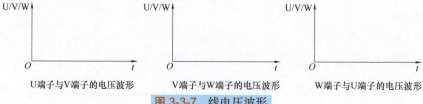

图 3-3-7　线电压波形

观察波形可以发现，三相电源之间的线电压频率_____（相同 / 相异），振幅_____（相等 / 不等），任意两相之间的相位差为_____。

六、5S 检查

得分：_____ 评分规则：每项 1 分，少填、错填一项扣 1 分，共 5 分。

5S 待完成步骤	结合完成情况打勾
关闭电池开关，正确拆除导线	完成□　未完成□
检查设备完好情况以及电池电量	完成□　未完成□
清洁设备并归位	完成□　未完成□
清洁实训工位	完成□　未完成□
整理实训工单	完成□　未完成□

七、课后习题

得分：_____ 评分规则：每空 1 分，少填、错填一空扣 1 分，共 10 分。

1. 选择题

（1）逆变器负责将动力蓄电池输送过来的直流电转变成（　　）。
A. 三相交流电　　B. 低压直流电　　C. 高压直流电　　D. 单相交流电

（2）逆变器电路由（　　）个 IGBT 组成，每一相的输出线与驱动电机相连。
A.5　　　　　　B.6　　　　　　C.8　　　　　　D.7

（3）逆变器输出的三条相线连接驱动电机后，就会在电机（　　）内部产生旋转磁场。
A. 转子　　　　B. 电刷　　　　C. 定子　　　　D. 外壳

（4）逆变器的三条输出相线，每一相线输出的交流电的相位差是（　　）。
A.120°　　　　B.80°　　　　　C.90°　　　　　D.75°

（5）三相逆变器的主要作用是（　　）。
A. 交流电转换成直流电　　　　B. 低压电转换成高压电
C. 直流电转换成交流电　　　　D. 高压电转换成低压电

2. 判断题

（1）新能源汽车三相电机的驱动电源是三相交流电。　　　　　　　　　　（　　）
（2）通过改变 IGBT 的通断速度，可以实现电机速度的控制。　　　　　　（　　）
（3）电机控制器主要由逆变器和控制器两部分组成。　　　　　　　　　　（　　）
（4）续流二极管以串联的方式与产生感应电动势的元件连接。　　　　　　（　　）
（5）当 IGBT 从导通状态瞬间切换到截止状态时，二极管处于截止状态。　（　　）

评分汇总

项 目		分数	
		总分	得分
一、课前资讯		5	
二、任务实施	1. 实训设备认知	22	
	2. 实训设备检查与准备	8	
	3. 识读电路图	3	
	4. 电路搭建及验证	47	
三、5S 检查		5	
四、课后习题		10	
任务总分		100	

任务四　电源供电电路原理

一、任务目标

◆ 知道新能源汽车电子控制单元的作用。
◆ 知道滤波和稳压的原因及工作原理。
◆ 能够理解滤波和稳压的区别。
◆ 能通过示波器测量电源供电电路的波形，并做出正确分析。
◆ 正确规范地使用实训板，养成良好的新能源汽车维修职业素养。

二、课前资讯

由老师播放 3.4.1 视频，然后完成以下题目。

得分：_____　　评分规则：每空 1 分，少填、错填一空扣 1 分，共 5 分。

1）新能源汽车控制器微处理电路采用的是恒定的低压直流电源。　　　　（　　）
2）电源的变换电路包括整流、滤波、稳压。　　　　　　　　　　　　（　　）
3）整流的作用是把交流电转变成脉动直流电。　　　　　　　　　　　（　　）
4）滤波的作用是把脉动的直流电转变成平滑的直流电。　　　　　　　（　　）
5）稳压的作用是把电压大小有波动的直流电变成恒定的直流电。　　　（　　）

三、任务导入

蓄电池为车辆用电器供电，所以在汽车日常行驶过程中，蓄电池电压会随着车辆用电器的使用情况变化而变化。为了避免电压不稳定造成汽车电子控制单元（ECU）内部电子元件的损坏，需要维持电源电压的稳定，保护 ECU 内部电路。

本任务实训通过搭建电路，测量 ECU 供电电路的电压波形变化，学习其基本原理和工作过程，并通过规范的操作，养成良好的职业素养。

四、知识准备

知识链接 1：新能源汽车上电子控制单元（ECU）的作用

在新能源汽车行驶过程中，电子控制单元负责采集各传感器的信号并且进行运算，然后将运算的结果转变为控制信号，控制各执行器正常工作。

现今的汽车，许多地方都应用了电子控制单元，如图 3-4-1 所示。例如新能源汽车整车控制器、ABS 控制单元、安全气囊控制单元和多向可调电控座椅等。随着汽车电子化、自动化的提高，电子控制单元的应用将会日益增多。

图 3-4-1　新能源汽车电子控制单元（ECU）

知识链接 2：滤波的作用及原理

处理器是电子控制单元的核心部分，具有运算与控制的功能，正常工作时需要稳定的电源电压。

交流电经过整流后，转换成脉动直流电，即电流的流动方向不变，但电流大小发生周期性的起伏。如果直接使用脉动直流电源对电子控制单元供电，会造成内部电路电压不稳定，损坏内部的电子元件。

为了避免电路中电源电压的变化幅度过大，在整流电路输出端并联一个电容。由于电容对交流电的阻碍作用较小，脉动电压达到峰值附近时，电路中的电荷主要往电容流动，并存储在上下极板之间，同时小部分电荷向负载移动。当脉动电压的输出接近 0V 时，存储在电容的电荷反馈回电路中，起电源的作用，因此流经负载的电荷量变化不明显，所以负载电压的变化相对不明显，如图 3-4-2 所示。通过电容来回充放电，最终使输出的电压大小更加平顺。

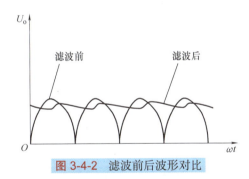

图 3-4-2　滤波前后波形对比

知识链接 3：稳压的作用及其原理

蓄电池向仪表板、灯光照明、刮水器等用电器供电，同时也负责给各电子控制单元供电。汽车日常行驶过程中工作状态频繁变换，如加速超车、红灯路口减速或爬坡等，还有用电设备不定时的使用，如夜间行车打开前照灯、雨天天气打开刮水器或使用鼓风机通风等。负载的变化导致蓄电池电压的不稳定，容易损坏电子元件，因此，电路需要稳压。如图 3-4-3 所示，要求在负载变化的情况下，能稳定电源电压，提高电路的安全性。

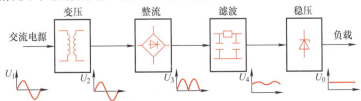

图 3-4-3　稳压电路处理示意图

知识链接 4：滤波与稳压的区别

滤波和稳压的目的都是要保持电源输出的稳定，但两者又有所区别：滤波指的是在电压时刻变化的情况下，使得输出电压的波动变小。虽然滤波也有一定的稳压作用，但其稳定电压的作用不明显，负载变化较大时电压仍然会有较大的波动。

稳压是指负载变化较大时，输出的电压变化较小，可以视为电压大小保持不变。

知识链接 5：集成电路 1117 的认知

集成电路 1117 是一种输出电压为 3.3V 的正向低压降稳压器，适用于各种控制系统接口的供电。该集成电路具有三个端口，分别是输入端口、输出端口和接地端口，如图 3-4-4 所示。其基本参数如下：

工作结温范围：-40~125℃
焊接温度（25s）：265℃
存储温度：-65~150℃
输入电压：4.75~15V
输出电压：3.267~3.333V

图 3-4-4　集成电路 1117 实物

五、任务实施

实训一：交流变压器原理实训

1. 实训设备认知

得分：_____　评分规则：每空 1 分，少填、错填一空扣 1 分，共 20 分。

3.4.2 实训板认知

在标号对应空格处填写实训板组成部件的名称及作用。

实训板	序号	名称	作用
	1		
	2		
	3		
	4		
	5		
	6		
	7		
	8		
	9		
	10		

2. 实训设备检查与准备

得分：_____　评分规则：每项 1 分，少填、错填一项扣 1 分，共 8 分。

检查设备并规范操作后填写下表。

实训设备检查表

设 备	检 查	结 果 是否正常?
交流变压器实训板	目测 DB107 是否正常	是☐ 否☐
	目测电容、电阻及相关元件是否正常	是☐ 否☐
	充电连接口是否牢固、污损	是☐ 否☐
	异常记录	
导线	目测外观无破损、用万用表检查通断情况	是☐ 否☐
	阻值:(　　)Ω	是☐ 否☐
	异常记录	

3. 识读电路图

> **得分:**＿＿＿＿　**评分规则:** 每空 3 分,少填、错填一空扣 3 分,共 9 分。

识读电路图 3-4-5。

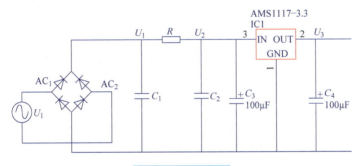

图 3-4-5　电路图

1) 整流。在 AC_1 与 AC_2 端子之间连接一个交流电源,通过整流电路将＿＿(直流/交流)电,转变成＿＿(直流/交流)电。

2) 滤波。由两个电容器与一个电阻形成一个滤波器,对脉动直流电进行滤波,得到相对更加稳定的直流电 U_2。

3) 稳压。三端稳压器将 U_2 稳压并由 100μF 的陶瓷电容进一步滤波,得到＿＿V 稳定输出电压。

4) 使用示波器分别测量 U_1、U_2 和 U_3 电压波形,可以直观观察滤波稳压电路的作用。

4. 电路搭建及验证

> **得分:**＿＿＿＿　**评分规则:** 一空 3 分,少填、错填一空扣 3 分,共 6 分;结论 4 分一空,少填、错填一空扣 4 分,共 12 分;正确描绘图像得 5 分,视情况可扣 0~5 分,共 20 分;正确连接电路图得 5 分,视情况可扣 0~5 分,共 5 分;总分 43 分。

根据电路图正确连接电路模块。

图 3-4-6 为模块、实训板和示波器。

3.4.3 实训板操作

图 3-4-6　模块、实训板和示波器

注意： 连接电路前，确认电源开关处于断开状态。接线无误后，检查导线安装是否牢靠。

（1）探究 ECU 电源供电模块中，整流电路的作用

接通电源，使用示波器测量 AC_1 与 AC_2 的电压，然后测量 U_1 与 GND 之间的电压波形，并且记录波形图（图 3-4-7）。

输入电源为_____（直流/交流）电，经过整流电路后，输出脉动直流电。由此实验可以得知，整流电路的作用是_____。

（2）探究 ECU 电源供电模块中，滤波电路的作用

使用示波器测量 U_2 与 GND 的电压，并且记录波形图（图 3-4-7）。

输入电源为脉动直流电，经过_____（滤波/整流）电路后，输出相对更平稳的直流电。由此实验可以得知，滤波电路的作用是_____。

（3）探究 ECU 电源供电模块中，稳压电路的作用

使用示波器测量 U_3 与 GND 的电压，并且记录波形图。

输入电源为直流电，经过稳压电路之后，输出平稳直流电压，电压大小为_____V。由此实验可以得知_____。

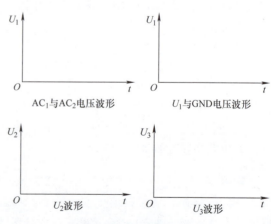

图 3-4-7　电压波形

六、5S 检查

得分：_____　**评分规则：** 每项 1 分，少填、错填一项扣 1 分，共 5 分。

5S 待完成步骤	结合完成情况打勾
关闭电池开关，正确拆除导线	完成□ 未完成□
检查设备完好情况以及电池电量	完成□ 未完成□
清洁设备并归位	完成□ 未完成□
清洁实训工位	完成□ 未完成□
整理实训工单	完成□ 未完成□

七、课后习题

得分：_____　　评分规则：每空 1 分，少填、错填一空扣 1 分，共 10 分。

1. 选择题

（1）整流电路的作用是（　　）。
A. 交流电转换成直流电　　　　　B. 直流电转换成交流电
C. 稳定输出电压　　　　　　　　D. A、B、C 三项都对

（2）滤波电路的作用是（　　）。
A. 交流电转换成直流电　　　　　B. 平缓电源的波动
C. 稳定输出电压　　　　　　　　D. A、B、C 三项都对

（3）以下元件有滤波作用的是（　　）。
A. 电容　　　B. 电阻　　　C. IGBT　　　D. 场效应晶体管

（4）稳压电路的作用是（　　）。
A. 交流电转换成直流电　　　　　B. 直流电转换成交流电
C. 稳定输出电压　　　　　　　　D. A、B、C 三项都对

（5）电源供电主要电路由（　　）组成。
A. 整流电路　　B. 滤波电路　　C. 稳压电路　　D. A、B、C 三项都对

2. 判断题

（1）稳压电路和滤波电路的功能完全是一样的。　　　　　　　　　　　（　　）
（2）并联在电路中的电容，具有一定的滤波作用。　　　　　　　　　　（　　）
（3）电源不经过稳压，对电子元件的影响不大。　　　　　　　　　　　（　　）
（4）交流电源经过整流、滤波和稳压后，输出较稳定的直流电。　　　　（　　）
（5）滤波电路具有一定的稳压作用。　　　　　　　　　　　　　　　　（　　）

评分汇总

项　目		分数	
		总分	得分
一、课前资讯		5	
二、任务实施	1. 实训设备认知	20	
	2. 实训设备检查与准备	8	
	3. 识读电路图	9	
	4. 电路搭建及验证	43	
三、5S 检查		5	
四、课后习题		10	
任务总分		100	

任务五　锂离子蓄电池充放电电路原理

一、任务目标

- ◆ 知道新能源汽车常用的电池种类。
- ◆ 能理解三元锂电池的充放电工作特性。
- ◆ 能够理解 BMS 的工作控制过程。
- ◆ 能够理解电池的散热类型及工作原理。
- ◆ 能够使用万用表测量锂离子蓄电池控制电路，正确分析充放电过程。
- ◆ 正确规范地使用实训板，养成良好的新能源汽车维修职业素养。

二、课前资讯

由老师播放 3.5.1 视频，然后完成以下题目。

得分：_____　评分规则：每空 1 分，少填、错填一空扣 1 分，共 5 分。

1）新能源汽车指的就是用电能的汽车。　　　　　　　　　　　　　　　（　　）
2）纯电动汽车常用的动力蓄电池是锂离子蓄电池，包括磷酸铁锂电池、三元锂电池等。
　　　　　　　　　　　　　　　　　　　　　　　　　　　　　　　　（　　）
3）BMS 的全称是电池管理系统。　　　　　　　　　　　　　　　　　　（　　）
4）锂离子蓄电池的充电管理参数包括充电电流、电压、电池均衡、电池温度等。（　　）
5）纯电动汽车 BMS 如发生故障将无法上电。　　　　　　　　　　　　（　　）

三、任务导入

BMS，即蓄电池管理系统，是对蓄电池充放电进行管理的系统，负责监控电池的电压、环境温度、充放电电流大小等信息。其功能是防止电池出现过放电过充电、温度过热等异常状况，避免电池造成不可逆的损坏，提高了安全性并能延长使用寿命。

本任务实训通过搭建电路，模拟电池充电过热的工作情况，学习充电保护的原理，并通过规范操作，养成良好的职业素养。

四、知识准备

知识链接 1：新能源汽车常用电池的种类

现在新能源汽车常用的电池种类主要有两种：锂离子蓄电池和镍氢蓄电池。其中锂离子蓄电池的应用更为广泛，也更具有实用性。锂离子蓄电池根据材料的不同，又分为许多种，但目前应用最成熟的主要为三元锂电池。锂离子蓄电池具有零排放、环境污染小、能耗低、能量密度高和充电快等优点。

图 3-5-1　镍氢蓄电池

镍氢蓄电池的全称是金属氢化物镍蓄电池，如图 3-5-1 所示，一般应用于混合动力汽车。镍氢蓄电池的正极采用镍氢化物，负极采用储氢合金。目前丰田车系的凯美瑞双擎、卡罗拉/雷凌双擎使用的动力蓄电池，就是这种镍氢蓄电池。

知识链接 2：三元锂电池的认知

目前在新能源汽车上使用最广的电池就是三元锂电池，图 3-5-2 为 18650 封装的三元锂电池实物。三元锂电池具有以下优点：电池可以快速地充放电，电池的充电效率可达到 100%，而且输出功率大，使用寿命长，自放电小。

三元锂电池的主要结构包括正极、负极、电解液和隔膜。正极材料包含镍、钴、锰三种金属材料，三元锂电池也因此而得名。负极使用导电性好的石墨，电解液为六氟磷酸锂。

隔膜的作用是隔绝电子通过但能让离子透过，迫使电子经外电路移动，而离子则可以通过电解液移动，保证外电路有电流通过。

图 3-5-2　三元锂电池

知识链接 3：锂离子蓄电池充放电的原理

如图 3-5-3 所示，充电的过程中，正极上生成锂离子，在电解液内穿过隔膜运动到负极。而负极的碳有很多微孔，可以把锂离子嵌入到碳层的微孔中，嵌入的锂离子越多，充电量就越高。

同样，电池放电的过程中，锂离子脱离负极碳层，在电解液内穿过隔膜运动到正极。而电子则通过外电路流动，形成电流。回正极的锂离子越多，放电量越高。

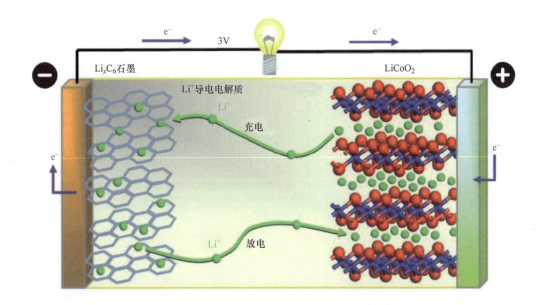

图 3-5-3　锂离子蓄电池的充放电原理

知识链接 4：BMS 的功能

BMS 在蓄电池包的位置如图 3-5-4 所示。其主要作用是通过电池内部安装的温度传感器和电流传感器，对电池的温度进行实时检测，监控动力蓄电池充放电过程的电流大小等信息。简而言之，BMS 就是汽车动力蓄电池的管理者。

图 3-5-4　BMS 在蓄电池包的位置

知识链接 5：新能源汽车动力蓄电池温度的监控管理

新能源汽车动力蓄电池内部的温度变化会直接影响到动力蓄电池自身性能，也会影响动力蓄电池充放电能力，情况严重时甚至还会造成动力蓄电池起火引发事故。一般在新能源汽车动力蓄电池箱内每六个单体蓄电池区域就会安装一个温度传感器，用来检测动力蓄电池的温度是否过高。

温度传感器里面有热敏电阻（NTC），动力蓄电池的温度越低，热敏电阻阻值越大，动力蓄电池温度越高，热敏电阻阻值越小。只要汽车接通电源，动力蓄电池的温度信息会一直受到监测，以便让动力蓄电池达到最好的工作状态。

知识链接 6：新能源汽车动力蓄电池的冷却方式

新能源汽车的动力蓄电池冷却系统主要有两种形式：风冷和液冷。

风冷：如图 3-5-5 所示，BMS 控制单元监测动力蓄电池的温度，当温度过高时，通过控制蓄电池箱内的鼓风机来给动力蓄电池降温。为了对动力蓄电池更好地进行恒温控制，在鼓风机的进气口安装有进气温度传感器，为 BMS 控制单元提供必要的反馈信息。信息经过处理后控制冷却风扇决定是否继续运行，以防止动力蓄电池温度过低。

液冷：如图 3-5-6 所示，散热系统利用冷却水泵使散热管中的冷却液循环并进行散热，吸收的热量通过散热器排到动力蓄电池的外界环境。

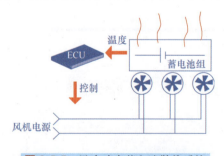

图 3-5-5　风冷动力蓄电池散热系统

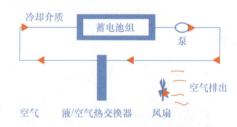

图 3-5-6　液冷动力蓄电池散热系统

五、任务实施

1. 实训设备认知

得分：_____　　评分规则：每空 1 分，少填、错填一空扣 1 分，共 18 分。

在标号对应空格处填写实训板组成部件的名称及作用。

3.5.2
实训板认知

实训板	序号	名称	作用
	1		
	2		
	3		
	4		
	5		
	6		
	7		
	8		
	9		

2. 实训设备检查与准备

得分：_____ **评分规则：** 每项1分，少填、错填一项扣1分，共10分。

检查设备并规范操作后填写下表。

实训设备检查表

设　　备	检　　查	结果 是否正常？
交流变压器实训板	目测锂电池是否鼓包、损坏	是☐ 否☐
	目测电阻、传感器及相关元件是否正常	是☐ 否☐
	模块开关工作情况	是☐ 否☐
	电压表显示情况	是☐ 否☐
	连接口是否牢固、污损	是☐ 否☐
	异常记录	
导线	目测外观无破损、用万用表检查通断情况	是☐ 否☐
	阻值：(　　) Ω	是☐ 否☐
	异常记录	

3. 识读电路图

得分：_____ **评分规则：** 每空2分，少填、错填一空扣2分，共14分。

识读电路图 3-5-7。

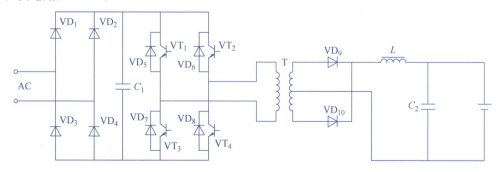

图 3-5-7　电路图

1）高压交流电源经过_____（滤波 / 整流）电路变为高压直流电，经过_____（电容 / 线圈）滤波后，输入 DC/AC 逆变器，将高压直流电转为低压交流电，低压交流电经过全波整流器，再经过_____（滤波 / 整流）电路后转为稳定低压_____（直流 / 交流）电，对蓄电池组进行充电。

2）二极管 VD_5、VD_6、VD_7、VD_8 的主要作用：假如晶体管 VT_1 与 VT_4 处于截止状态，晶体管 VT_2 与 VT_3 从_____（导通 / 截止）状态转为_____（导通 / 截止）状态的瞬间，线圈产生极_____（高 / 低）的感应电动势。而且，电容对于突变的电流而言，可以视为短路。所以，感应电流的流动路径为：线圈→二极管 VD_5→电容 C_1→二极管 VD_7→线圈。由此可见，二极管 VD_5、VD_6、VD_7、VD_8 可以防止线圈的感应电动势击穿与之并联的晶体管，起到保护电路的作用。

4. 电路搭建及验证

> 得分：_____ 评分规则：一空3分，少填、错填一空扣3分，共33分；正确连接电路图得5分，视情况可扣0~5分，共5分；总分38分

根据电路图正确连接电路模块。图 3-5-8 为模块、实训板和电压表。

3.5.3
实训板操作

图 3-5-8　模块、实训板和电压表

> **注意**：连接电路前，确认电源开关处于断开状态。接线无误后，检查导线安装是否牢靠。

（1）检测单体蓄电池好坏情况

使用万用表测量单体蓄电池电压 U_{ab}、U_{bc} 和 U_{cd}，并记录电压大小。

单体蓄电池正常电压范围为 3.7~4.3V。单体蓄电池 U_1 电压为____V，该电池____（在 / 不在）正常电压范围；单体蓄电池 U_2 电压为____V，该电池____（在 / 不在）正常电压范围；单体蓄电池 U_3 电压为____V，该电池____（在 / 不在）正常电压范围。使用万用表测量 GND 与 12V 端子，电池总的输出电压为____V，即三块单体蓄电池是____（串联 / 并联）关系。

（2）探究充电保护工作的条件

接通电源开关，充电指示灯____（亮 / 不亮），电池处于充电状态。然后按下加热开关，加热指示灯亮，模拟电池充电过程中____温度的升高。当温度达到____℃时，控制电路使电池停止充电，以保护动力蓄电池。

由此实验可以得知，对电池进行监控，可以防止电池在充电过程中出现温度过____（高 / 低）的情况。

六、5S 检查

得分：_____　　**评分规则：每项1分，少填、错填一项扣1分，共5分。**

5S 待完成步骤	结合完成情况打勾
关闭电池开关，正确拆除导线	完成□　未完成□
检查设备完好情况以及电池电量	完成□　未完成□
清洁设备并归位	完成□　未完成□
清洁实训工位	完成□　未完成□
整理实训工单	完成□　未完成□

七、课后习题

得分：_____　　**评分规则：每空1分，少填、错填一空扣1分，共10分。**

1. 选择题

（1）三元锂电池使用最广泛的材料是（　　）。
A. 镍、钴、锰　　　B. 镍、钴、铁　　　C. 镍、钴、硫　　　D. 钴、硫、金

（2）锂离子蓄电池阴极主要由（　　）组成。
A. 石墨　　　　　　B. 锰元素　　　　　C. 铅金属　　　　　D. 二氧化硫

（3）下列哪些是三元锂电池的优点（　　）。
A. 电池容量高　　　B. 充放电速度快　　　C. 自放电小　　　D. 以上都正确

（4）新能源汽车的动力蓄电池冷却方式是（　　）。
A. 风冷方式　　　　B. 液冷方式　　　　C. 自然冷却　　　　D. A 和 B 都对

（5）三元锂电池的充电效率可达到（　　）。
A.100%　　　　　　B.80%　　　　　　　C.85%　　　　　　　D. 以上都不对

2. 判断题

（1）锂离子蓄电池充电温度过高时，控制单元使其停止充电。　　　　　　　　（　　）
（2）相对于其他电池，锂离子蓄电池更为环保。　　　　　　　　　　　　　　（　　）
（3）锂离子蓄电池可以将储存的电能全部放出再进行充电。　　　　　　　　　（　　）
（4）新能源汽车动力蓄电池对高温不敏感。　　　　　　　　　　　　　　　　（　　）
（5）新能源汽车动力蓄电池控制单元简称为 BMS。　　　　　　　　　　　　　（　　）

评分汇总

项 目		分数	
		总分	得分
一、课前资讯		5	
二、任务实施	1. 实训设备认知	18	
	2. 实训设备检查与准备	10	
	3. 识读电路图	14	
	4. 电路搭建及验证	38	
三、5S 检查		5	
四、课后习题		10	
任务总分		100	

任务六　太阳能电池板原理

一、任务目标

◆ 知道什么是太阳能电池。
◆ 能够理解太阳能电池的基本结构和原理。
◆ 能够使用电压表测量太阳能电池的工作特性并做出正确分析。
◆ 正确规范地使用实训板，养成良好的新能源汽车维修职业素养。

二、课前资讯

由老师播放 3.6.1 视频，然后完成以下题目。

得分：_____　评分规则：每空 2 分，少填、错填一空扣 2 分，共 10 分。

1）太阳能是一种自然的清洁能源。　　　　　　　　　　　　　　　　　（　　）
2）太阳能电池板是一种光电转换器件。　　　　　　　　　　　　　　　（　　）
3）太阳能电池板的能量收集取决于光伏板的面积大小。　　　　　　　　（　　）
4）比亚迪第一代混合动力汽车 F3DM 车顶有一块太阳能电池板。　　　　（　　）
5）太阳能电池板的发电效率与光照强度无关。　　　　　　　　　　　　（　　）

三、任务导入

太阳能是资源丰富且可再生的清洁能源，在汽车污染日益严重的今天，太阳能电池是新能源汽车的一个发展方向，目前太阳能电池在商用车上已经有应用。太阳能电池将光能转化成电能，辅助蓄电池对车身电器供电，实现真正意义上的零污染。

本任务实训通过搭建电路测量太阳能电池的工作特性，学习太阳能电池的原理，并通过规范操作养成良好的职业素养。

四、知识准备

知识链接1：太阳能电池的认知

太阳能电池是一种利用光电原理发电的电池，它利用太阳的光线直接照射到光电半导体薄片上，如图3-6-1所示，通过光电效应直接把光能转化成电能。在我们生活中部分地区只要光照的条件满足，光电板就可以产生电流对外输出，称为光伏发电。

图3-6-1　太阳能电池板

知识链接2：太阳能电池的结构

太阳能电池的主要结构有钢化玻璃、太阳能芯片、EVA胶膜、TPT背膜以及铝合金边框，如图3-6-2所示。

钢化玻璃：玻璃的主要作用是保护太阳能电池的发电主体，但为了保证良好的发电效果，要求玻璃的透光性要好，一般要达到91%以上。

太阳能芯片：太阳能电池的核心是发电芯片，主要作用就是产生电流进行发电，其主要材料为晶体硅。晶体硅材料具有价格低、光电转换效率高、弱光发电效果好等优点。

EVA胶膜：胶膜用来粘结玻璃和发电主体，而且必须是透明的。EVA材料与空气长时间接触易老化发黄，影响发电组件的透光率，造成发电性能变差。

TPT背膜：主要作用是用来密封、绝缘和防水，防止太阳能电池损坏。

铝合金边框：铝合金保护层压件，对太阳能电池板起支撑作用。

图3-6-2　太阳能电池的结构

知识链接3：太阳能电池的工作原理

太阳能电池利用光电效应直接把光能转化成电能，如图3-6-3所示，当太阳光照射在半导体的P-N结上时，形成一对新的空穴电子。其中空穴由N区流向P区，电子由P区流向N区，连接负载以后形成闭合回路，从而使电子流动形成电流。

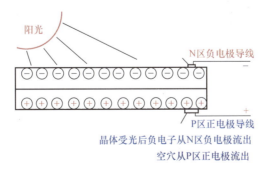

图3-6-3　晶体硅太阳能电池原理

知识链接 4：太阳能电池在新能源汽车上的应用

新能源汽车的续驶里程是非常重要的，为了保证新能源汽车能够有足够的电量行驶，部分品牌的新能源汽车上安装有太阳能电池，如图 3-6-4 所示，一般是将太阳能电池板安装在汽车的车顶上。当太阳光照射到太阳能电池板上面，光能转变为电能给新能源汽车的动力蓄电池充电。

图 3-6-4　新能源汽车太阳能电池

五、任务实施

1. 实训设备认知

3.6.2 实训板认知

得分：_____　　评分规则：每空 1 分，少填、错填一空扣 1 分，共 16 分。

在标号对应空格处填写实训板组成部件的名称及作用。

实　训　板	序号	名称	作　　用
	1		
	2		
	3		
	4		
	5		
	6		
	7		
	8		

2. 实训设备检查与准备

得分：_____　　评分规则：每项 1 分，少填、错填一项扣 1 分，共 10 分。

检查设备并规范操作后填写下表。

实训设备检查表

设　　备	检　　查	结果 是否正常？
太阳能电池特性实训板	目测太阳能板是否正常	是□ 否□
	目测灯泡是否正常	是□ 否□
	检查电压表显示情况	是□ 否□
	通电检查电压调节旋钮工作情况	是□ 否□
	连接口是否牢固、污损	是□ 否□
	异常记录	
导线	目测外观无破损、用万用表检查通断情况	是□ 否□
	阻值：（　　）Ω	是□ 否□
	异常记录	

3. 识读电路图

得分：_____　评分规则：每空3分，少填、错填一空扣3分，共6分。

识读电路图3-6-5。

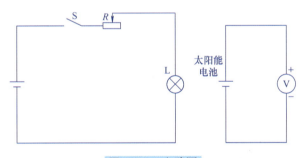

图3-6-5　电路图

1）电流的流动方向：电源正极→开关→可调电阻→_____→电源负极。

2）灯泡放置在太阳能发电板的正上方，模拟太阳直射太阳能发电板。通过调节可调电阻改变灯泡的亮度，模拟阳光的变化，同时使用万用表测量太阳能发电板两端的_____，观察光线明暗对发电量的影响。

4. 电路搭建及验证

得分：_____　评分规则：每空4分，少填、错填一空扣4分，共24分；结论4分一空，少填、错填一空扣4分，共4分；正确连接电路图得5分，视情况可扣0~5分，共5分；总分33分。

根据电路图正确连接电路模块。图3-6-6为模块、实训板和电压表。

图 3-6-6　模块、实训板和电压表

> **注意**：连接电路前，确认电源开关处于断开状态。接线无误后，检查导线安装是否牢靠。

（1）探究太阳能电池的电能转换原理

用手完全遮盖太阳能板，记录太阳能板的输出电压为_____V。手移开后，环境中的光线直接照射在太阳能板上，记录太阳能板的输出电压为_____V。

由此实验可以得知，太阳能电池可以将_____转变成电能。

（2）探究亮度与太阳能电池输出电压大小的关系

接通电源后，确认亮度调节旋钮调到最左侧，记录太阳能电池的输出电压为_____V。缓慢转动亮度调节旋钮，控制灯泡的亮度，太阳能电池的输出电压逐渐_____（增大/降低）。当太阳能电池的输出电压达到_____V，继续转动亮度调节旋钮，电压大小维持不变。

由此实验可以得知_____。

六、5S 检查

得分：_____　评分规则：每项 1 分，少填、错填一项扣 1 分，共 5 分。

5S 待完成步骤	结合完成情况打勾
关闭电池开关，正确拆除导线	完成□　未完成□
检查设备完好情况以及电池电量	完成□　未完成□
清洁设备并归位	完成□　未完成□
清洁实训工位	完成□　未完成□
整理实训工单	完成□　未完成□

七、课后习题

得分：_____　评分规则：每空 1 分，少填、错填一空扣 1 分，共 20 分。

1. 选择题

（1）太阳能电池利用以下哪种方式发电？（   ）
A. 光电转化　　　　B. 光热转化　　　　C. 光化学转化　　　　D. 光线转化

（2）太阳能电池的功率随光照强度升高而（   ）。
A. 增大　　　　　　B. 减小　　　　　　C. 无关　　　　　　　D. 先增大后不变

（3）太阳能电池的电流随电压增大而（   ）。
A. 先保持相对平坦，后减小　　　　　B. 先减小后保持相对平坦
C. 持续增大　　　　　　　　　　　　D. 先增大再减小

（4）主流太阳能电池使用（   ）作为发电材料。
A. 晶体硅　　　　　B. 多锰材料　　　　C. 薄膜　　　　　　　D. 铅酸

（5）为了保证良好的发电效果，要求玻璃的透光性达到（   ）以上。
A. 91%　　　　　　B. 70%　　　　　　C. 65%　　　　　　　D. 81%

2. 判断题

（1）新能源汽车一般将太阳能电池板安装在汽车的车顶。（   ）
（2）太阳能电池的发电芯片使用的材料是晶体硅。（   ）
（3）目前太阳能电池可以完全取代化学电池。（   ）
（4）太阳能电池是一种化学能转为电能的装置。（   ）
（5）太阳能电池主要由钢化玻璃、芯片、EVA 胶膜、TPT 背膜以及铝合金边框组成。（   ）

评分汇总

项　目		分数	
		总分	得分
一、课前资讯		10	
二、任务实施	1. 实训设备认知	16	
	2. 实训设备检查与准备	10	
	3. 识读电路图	6	
	4. 电路搭建及验证	33	
三、5S 检查		5	
四、课后习题		20	
任务总分		100	

项目四 新能源汽车执行器

任务一 高压上电过程控制

一、任务目标

◆ 知道新能源汽车上电预充电的原因。
◆ 知道维修开关与互锁开关的作用。
◆ 能够理解高压上电的控制工作过程。
◆ 能够通过使用万用表测量上电继电器电压,并正确做出分析。
◆ 正确规范地使用实训板,养成良好的新能源汽车维修职业素养。

二、课前资讯

由老师播放 4.1.1 视频,然后完成以下题目。

得分:_____ 评分规则:每空 1 分,少填、错填一空扣 1 分,共 5 分。

1)新能源汽车高压上电控制可有可无。 (   )
2)高压上电控制实质上是一种保护机制。 (   )
3)高压上电控制预充电阻的作用是限制瞬间上电电流过大。 (   )
4)高压上电失败,车辆可以正常行驶。 (   )
5)维修开关、高压互锁装置是高压上电控制的一部分。 (   )

三、任务导入

高压电路中电机控制器和空调压缩机控制器内部含有电容,为了防止动力蓄电池与高压电路直接接通瞬间的电流过大,损坏控制器内部电子元件,BMS 按特定顺序来控制继电器的通断,达到用低电压、小电流对各控制器内部电容充电的目的。

本任务实训通过搭建电路,模拟高压上电过程,学习新能源汽车高压上电的控制原理,并通过规范操作养成良好的职业素养。

四、知识准备

知识链接 1:需要预充电的原因

空调压缩机控制器和电机控制器内部含有电容,如果动力蓄电池接入高压电路时,电容内没有预先储存一定的电荷量,则高压电路中电容的充电电流会非常大,极容易发生危险。为了避免发生短路,加入预充继电器和预充电阻来给电容进行预充电,以此来保护电路。

知识链接2:高压系统上电的控制原理

汽车起动时,如图4-1-1所示,BMS首先控制主负继电器和预充继电器闭合,主正继电器断开。此时,动力蓄电池首先经预充电阻分压,以较小的电流对电机控制器内部的电容进行充电。

待电容充电达到目标电压后,BMS控制预充继电器断开和主正继电器闭合,使动力蓄电池直接连接主电路,完成上电过程。

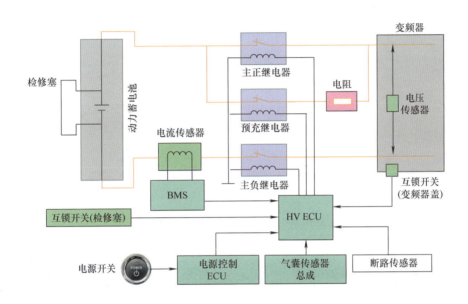

图 4-1-1　高压上电控制示意图

知识链接3:维修开关的作用

紧急维修开关(图4-1-2)布置于动力蓄电池组中间,主要作用是在进行高压系统的维修时,可以手动拔出维修开关,从而切断动力蓄电池电源,避免维修人员发生触电意外。维修开关内部还装有熔断器,当高压系统出现短路的情况时,熔断器熔断,可有效降低意外风险。

图 4-1-2　新能源汽车维修开关

知识链接4:高压互锁原理

高压互锁指的是通过使用低压信号来检测高压系统的完整性,如图4-1-3所示,例如高压缆线插接器是否出现松脱、电机控制器外壳是否未安装到位和动力蓄电池壳体是否移位等。

新能源汽车行驶过程中,高压部件长时间处于振动的条件下,所以容易造成部件的移位或接线的松脱。当动力管理控制单元检测到低压系统断开的时候,就需要启动相应安全措施,给驾驶人发出警报并且断开高压回路等。

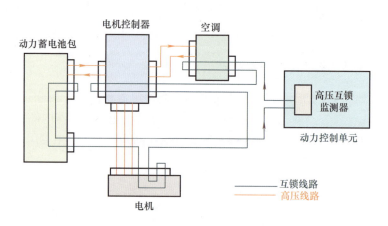

图 4-1-3　高压互锁电路

五、任务实施

1. 实训设备认知

得分：_____　评分规则：每空 0.5 分，少填、错填一空扣 0.5 分，共 17 分。

在标号对应空格处填写实训板组成部件的名称及作用。

4.1.2
实训板认知

实训板	序号	名称	作用
	1		
	2		
	3		
	4		
	5		
	6		
	7		
	8		
	9		
	10		
	11		
	12		
	13		
	14		
	15		
	16		
	17		

2. 实训设备检查与准备

得分：_____　评分规则：每项 1 分，少填、错填一项扣 1 分，共 10 分。

检查设备并规范操作后填写下表。

实训设备检查表

设　　备	检　　查	结果 是否正常?
高压上电控制实训板	目测高压上电继电器是否正常	是□ 否□
	目测维修开关、电阻及相关元件是否正常	是□ 否□
	检查电机是否正常	是□ 否□
	检查调节旋钮工作情况	是□ 否□
	连接口是否牢固、污损	是□ 否□
	异常记录	
导线	目测外观无破损、用万用表检查通断情况	是□ 否□
	阻值:（　）Ω	是□ 否□
	异常记录	

3. 识读电路图

得分：_____　评分规则：每空 2 分，少填、错填一空扣 2 分，共 14 分。

识读电路图（图 4-1-4）。

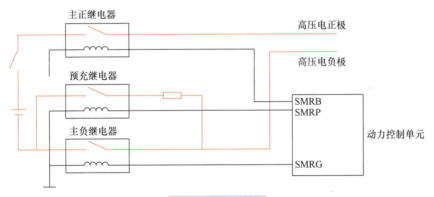

图 4-1-4　电路图

1）按下动力控制单元（ECU）按钮，SMRB 端子与 SMRP 端子控制_____（主正/主负）继电器与预充继电器闭合。电流的流动方向：动力蓄电池组正极→主正继电器→负载→_____→_____→动力蓄电池组负极。

2）预充电完成后，SMRP 端子控制预充继电器断开，SMRG 端子控制_____（主正/主负）继电器闭合。电流的流动方向：动力蓄电池组正极→_____→负载→_____→动力蓄电池组负极。

3）通过测量继电器线圈的_____（电流/电压），可以判断对应的继电器是否正常工作。

4）切换开关位置，模拟维修开关的通断；拔出 P1、P2 和 P3，模拟高压互锁的损坏。

4. 电路搭建及验证

得分：_____　评分规则：每空 1 分，少填、错填一空扣 1 分，共 33 分；正确连接电路图得 6 分，视情况可扣 0~6 分，共 6 分；总分 39 分。

根据电路图正确连接电路模块。图 4-1-5 为模块、实训板和电流表。

4.1.3 实训板操作

图 4-1-5　模块、实训板和电流表

注意： 连接电路前，确认电源开关处于断开状态。接线无误后，检查导线安装是否牢靠。

（1）探究高压上电预充阶段高压电路的工作状态

接通电源，按下 ECU 开关瞬间：主正继电器指示灯_____（亮/不亮），使用万用表测量 SMRB 端子，电压为_____V，说明主正继电器处于_____（断开/接通）的状态；主负继电器指示灯_____（亮/不亮），使用万用表测量 SMRG 端子，电压为_____V，说明主负继电器处于_____（断开/接通）的状态；预充继电器指示灯_____（亮/不亮），使用万用表测量 SMRP 端子，电压为_____V，说明预充继电器处于_____（断开/接通）的状态。此时，V+ 与 V- 之间的电压为_____V。

由此实验可以得知，新能源汽车高压电路，通过_____电阻保护电路。

（2）探究高压上电预充阶段结束后高压电路的工作状态

ECU 开关按下一段时间后：主正继电器指示灯_____（亮/不亮），使用万用表测量 SMRB 端子，电压为_____V，说明主正继电器处于_____（断开/接通）的状态；主负继电器指示灯_____（亮/不亮），使用万用表测量 SMRG 端子，电压为_____V，说明主负继电器处于_____（断开/接通）的状态；预充继电器指示灯_____（亮/不亮），使用万用表测量 SMRP 端子，电压为_____V，说明预充继电器处于_____（断开/接通）的状态。此时，V+ 与 V- 之间的电压为_____V，高压上电结束。

（3）探究维修开关断开的条件下高压电路的工作状态

断开维修开关，按下 ECU 开关后，主正继电器指示灯_____（亮/不亮），使用万用表测量 SMRB 端子，电压为_____V，说明主正继电器处于_____（断开/接通）的状态；主负继电器指示灯_____（亮/不亮），使用万用表测量 SMRG 端子，电压为_____V，说明主负继电器处于_____（断开/接通）的状态；预充继电器指示灯_____（亮/不亮），使用万用表测量 SMRP 端子，电压大小为_____V，说明预充继电器处于_____（断开/接通）的状态。此时，V+ 与 V- 之间的电压为_____V。

（4）探究高压互锁断开的情况下高压电路的工作状态

按下 ECU 开关前，确保高压互锁插接器 P3 正常连接。按下 ECU 开关正常上电以后，转动旋钮控制电机转速。电机工作过程中，拔下插接器 P3，模拟汽车工作过程中高压互锁故障，电机立即停止工作。所有继电器处于_____（断开 / 接通）的状态，V+ 与 V− 之间的电压为_____V。重新安装高压互锁器 P3，电机不工作，起安全保护的作用。

六、5S 检查

得分：_____ 评分规则：每项 1 分，少填、错填一项扣 1 分，共 5 分。

5S 待完成步骤	结合完成情况打勾
关闭电池开关，正确拆除导线	完成□　未完成□
检查设备完好情况以及电池电量	完成□　未完成□
清洁设备并归位	完成□　未完成□
清洁实训工位	完成□　未完成□
整理实训工单	完成□　未完成□

七、课后习题

得分：_____ 评分规则：每空 1 分，少填、错填一空扣 1 分，共 10 分。

1. 选择题

（1）高压电路接通瞬间，电流过大，容易造成电路模块中的（　　）损坏。
A. IGBT　　　　B. 线圈　　　　C. 电容　　　　D. 电阻

（2）为防止高压系统发生意外情况，在高压输出母线控制上安装有主继电器系统，共由（　　）个主继电器组成。
A. 3　　　　　B. 5　　　　　C. 2　　　　　D. 7

（3）预充过程中，动力控制单元结合电路中的（　　）工作。
A. 主正继电器与主负继电器　　　　B. 预充继电器与主负继电器
C. 主正继电器与预充继电器　　　　D. 全部工作

（4）预充过程结束以后，动力控制单元结合电路中的（　　）工作。
A. 主正继电器与主负继电器　　　　B. 预充继电器与主负继电器
C. 主正继电器与预充继电器　　　　D. 全部工作

（5）预充过程结束以后，某一继电器处于断开状态，该继电器为（　　）。
A. 主正继电器　　B. 预充继电器　　C. 主负继电器　　D. 全部断开

2. 判断题

（1）高压互锁损坏的情况下，新能源汽车高压系统可以高压上电。　　　　　　　（　　）
（2）新能源汽车高压上电完成后，主负继电器处于接通状态。　　　　　　　　　（　　）
（3）预充电的目的是防止高压上电的瞬间，电流过大。　　　　　　　　　　　　（　　）
（4）拔出维修开关以后，动力蓄电池仍对高压系统供电。　　　　　　　　　　　（　　）
（5）高压上电过程中，预充继电器和主负继电器先工作，然后预充继电器断开，主正继电器闭合。（　　）

评分汇总

项 目		分数	
		总分	得分
一、课前资讯		5	
二、任务实施	1. 实训设备认知	17	
	2. 实训设备检查与准备	10	
	3. 识读电路图	14	
	4. 电路搭建及验证	39	
三、5S 检查		5	
四、课后习题		10	
任务总分		100	

任务二 直流电机控制电路原理与应用

一、任务目标

◆ 知道直流电机的基本结构与工作原理。
◆ 能够理解直流电机的转速控制原理。
◆ 知道直流电机在新能源汽车上的应用。
◆ 能够通过实训使用示波器测量直流电机控制电路波形变化，并做出正确分析。
◆ 正确规范地使用实训板，养成良好的新能源汽车维修职业素养。

二、课前资讯

由老师播放 4.2.1 视频，然后完成以下题目。

得分：_____ 评分规则：每空 1 分，少填、错填一空扣 1 分，共 5 分。

1）新能源汽车动力驱动电机普遍不采用直流电机。（   ）
2）直流电机的转速控制一般采用 PWM 控制技术。（   ）
3）直流电机的正反转通过直接对调正负极改变电流即可。（   ）
4）直流电机在新能源汽车上的应用有助力转向电机、空调鼓风机、刮水器电机等。（   ）
5）直流电机由转子和定子两部分组成。（   ）

三、任务导入

新能源汽车一般采用电子助力转向装置，该装置的动力源是直流电机，可根据驾驶人的驾驶意图，并且收集转向、车速、转矩等信息，由控制模块完成直流电机的转向控制和转速控制，保证汽车在低速转向行驶时轻便灵活、高速转向行驶时稳定可靠。

本任务实训通过搭建电路，学习直流电机的转速控制方式和转向控制方式，并通过规范操作养成良好的职业素养。

四、知识准备

知识链接1：直流电机的结构

直流电机主要由定子和转子两大部分组成，如图4-2-1所示。

直流电机运行时静止不动的部分称为定子，其主要作用是产生磁场。定子由机座、主磁极、换向极、端盖、轴承和电刷装置等组成。

运行时转动的部分称为转子，其主要作用是产生电磁转矩。转子是直流电机进行能量转换的机构，所以通常又称为电枢，由转轴、电枢铁心、电枢绕组、换向器和风扇等组成。

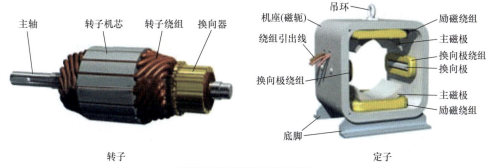

图4-2-1　直流电机结构

知识链接2：直流电机的工作原理

由于转子两侧有一对磁极产生磁场，如图4-2-2所示，直流电源通过电刷向转子供电。当转子中的线圈通有电流时，两侧导线就会受到磁场的作用力，方向依"左手定则"判断。转子受到磁场的作用力从而旋转，当旋转90°后，换向器改变了转子内线圈的电流方向，于是导线框会持续旋转下去。

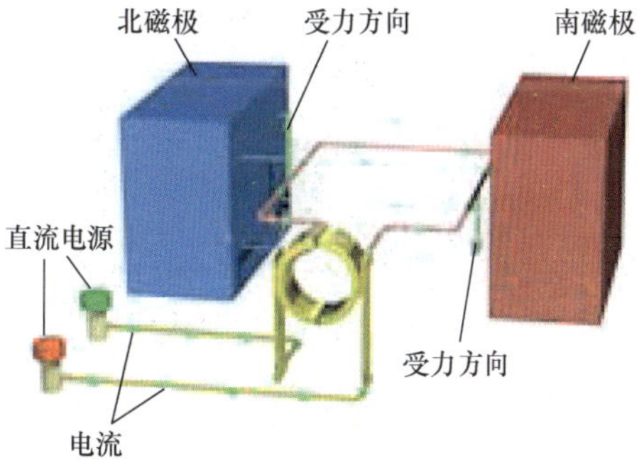

图4-2-2　电机工作原理

知识链接3：直流电机的特点

直流电机具有良好的调速特性，转矩比较大而且受电磁干扰的影响小。但是其复杂的机械结构限制了电机体积进一步缩小，尤其内部电刷和换向器的滑动接触极容易造成机械磨损和火花，使直流电机的可靠性下降、寿命短和保养维护工作量大。

知识链接4：直流电机的转速控制原理

控制器控制电源周期性地通断，从而给电机提供一个脉冲电源。如图4-2-3所示，脉冲宽度越大，提供给电机的平均电压越大，电机转速就越高。反之亦然，脉冲宽度越小，提供给电机的平均电压越小，电机转速就越低。因此，通过改变脉冲宽度，即可间接控制电机的转速。

图4-2-3　直流电机脉冲控制电压波形

知识链接 5：直流电机在新能源汽车上的应用

直流电机有非常广泛的应用，例如电动车窗升降、电动刮水器和电动座椅等，都是由直流电机实现的功能。现今新能源汽车都使用电子助力转向，如图 4-2-4 所示，该转向系统通过控制电机输出相应大小的转矩和方向，从而产生辅助动力，使转向系统更加轻便，响应速度更加快捷。

图 4-2-4　新能源汽车电子助力转向

五、任务实施

实训一：直流电机控制原理实训

1. 实训设备认知

得分：_____　评分规则：每空 0.5 分，少填、错填一空扣 0.5 分，共 12 分。

4.2.2 实训板认知

在标号对应空格处填写实训板组成部件的名称及作用。

实训板	序号	名称	作用
	1		
	2		
	3		
	4		
	5		
	6		
	7		
	8		
	9		
	10		
	11		
	12		

2. 实训设备检查与准备

得分：_____　评分规则：每项 0.5 分，少填、错填一项扣 0.5 分，共 4.5 分。

检查设备并规范操作后填写下表。

实训设备检查表

设　备	检　查		结果 是否正常？
直流电机控制实训板	目测电机是否正常		是□　否□
	检查模块电机调向开关工作情况		是□　否□
	检查电机调控按钮的工作情况		是□　否□
	连接口是否牢固、污损		是□　否□
	异常记录		
导线	目测外观无破损、用万用表检查通断情况		是□　否□
	阻值：（　　）Ω		是□　否□
	异常记录		

3. 识读电路图

得分：_____　　评分规则：每空1分，少填、错填一空扣1分，共14分。

识读电路图 4-2-5。

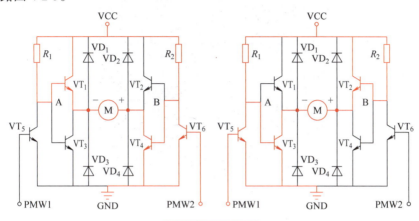

图 4-2-5　电路图

1）当 PMW1 端子为低电平，PWM2 端子为高电平时，电路分析：PMW1 端子为低电平，即晶体管 VT_5 处于截止状态，从而使 A 点处于高电平，所以晶体管 VT_1 处于_____（导通/截止）状态，晶体管 VT_3 处于_____（导通/截止）状态，PWM2 端子为高电平，即晶体管 VT_6 处于导通状态，从而使 B 点处于低电平，所以晶体管 VT_2 处于_____（导通/截止）状态，晶体管 VT_4 处于_____（导通/截止）状态。

2）综上所述，电流的流动方向为：电源正极→晶体管 VT_1→电机的_____端→电机的_____端→_____→电源负极。

3）类比可以得知，当 PWM1 端子为高电平，PWM2 端子为低电平时，电流的流动方向为：电源正极→晶体管 VT_2→电机的_____端→电机的_____端→晶体管 VT_3→电池负极。

4）当 PWM1 与 PWM2 同时为低电平，电机不工作。综上所述：

PWM1	PWM2	电机状态
	高电平	
高电平		反转
低电平	低电平	不转

5）续流二极管：假如初始状态为晶体管 VT_2、VT_3 处于截止状态，晶体管 VT_1、VT_4 处于导通状态，电机正常工作。当按下停止开关时，晶体管 VT_1、VT_4 瞬间转为截止状态，导致电机内线圈产生极高的感应电动势，此时，电机可平缓释放电流，路线为：电机_____端→二极管 VD_2→电源正极→电源负极→二极管 VD_3→电机_____端。

6）二极管在电路中有保护电路、防止高压击穿晶体管的作用。

4. 电路搭建及验证

得分：_____　　评分规则：每空1分，少填、错填一空扣1分，共12分；结论2分一空，少填、错填一空扣2分，共16分；正确连接电路图得2分，视情况可扣0~2分，共2分；总分30分。

根据电路图正确连接电路模块。图 4-2-6 为模块、实训板和示波器。

4.2.3 实训板操作

图 4-2-6　模块、实训板和示波器

注意：连接电路前，确认电源开关处于断开状态。接线无误后，检查导线安装是否牢靠。

（1）探究电机正转状态下电机两端电压的特点

选择正转档位，接通电源，按下起动开关，然后等待电机工作稳定。使用万用表测量 M+ 端口与 GND 端口，记录电压为_____V；使用万用表测量 M- 端口与 GND 端口，记录电压为_____V。由此可知，M+ 端口电压值比 M- 端口电压值_____（高/低），电流自_____（M+/M-）端口流向_____（M+/M-）端口。

按下加速按钮，然后使用示波器测量 M+ 端口与 M- 端口，观察波形可以发现_____。按下减速按钮，然后使用示波器测量 M+ 端口与 M- 端口，观察波形可以发现_____。

（2）探究电机反转状态下电机两端电压的特点

按下停止开关，选择反转档位，接通电源后，按下起动开关，然后等待电机工作稳定。使用万用表测量 M+ 端口与 GND 端口，记录电压为_____V；使用万用表测量 M- 端口与 GND 端口，记录电压为_____V。由此可知，M+ 端口电压值比 M- 端口电压值_____（高/低），电流自_____（M+/M-）端口流向_____（M+/M-）端口。

按下加速按钮，然后使用示波器测量 M+ 端口与 M- 端口，观察波形可以发现_____。按下减速按钮，然后使用示波器测量 M+ 端口与 M- 端口，观察波形可以发现_____。

（3）探究电机正转状态下控制信号的特点

选择正转档位，接通电源，按下起动开关，然后等待电机工作稳定。使用示波器分别测量 PWM1 与 GND 的电压波形、PWM2 与 GND 的电压波形。按下加速按钮，观察后可以发现_____；按下减速按钮，观察后可以发现_____。

（4）探究电机反转状态下控制信号的特点

选择反转档位，接通电源，按下起动开关，然后等待电机工作稳定。使用示波器分别测量 PWM1 与 GND 的电压波形、PWM2 与 GND 的电压波形。按下加速按钮，观察后可以发现_____。按下减速按钮，观察后可以发现_____。

（5）总结

通过控制_____（电流\电压）的流动方向，从而控制直流电机的旋转方向；通过改变信

项目四　新能源汽车执行器　111

号的占空比，从而控制电机的_____。

实训二：直流电机转速控制原理实训

1. 实训设备认知

得分：_____　评分规则：每空0.25分，少填、错填一空扣0.25分，共3分。

4.2.4
实训板认知

在标号对应空格处填写实训板组成部件的名称及作用。

实训板	序号	名称	作　用
	1		
	2		
	3		
	4		
	5		
	6		

2. 实训设备检查与准备

得分：_____　评分规则：每项0.5分，少填、错填一项扣0.5分，共5分。

检查设备并规范操作后填写下表。

实训设备检查表

设　备	检　　查	结果 是否正常?
直流电机转速控制实训板	目测电机是否正常	是□ 否□
	目测转速表及相关元件是否正常	是□ 否□
	检查调节旋钮工作情况	是□ 否□
	连接口是否牢固、污损	是□ 否□
	切换按钮工作情况	是□ 否□
	异常记录	
导线	目测外观无破损、用万用表检查通断情况	是□ 否□
	阻值:(　　)Ω	是□ 否□
	异常记录	

3. 识读电路图

得分：_____　评分规则：每空1分，少填、错填一空扣1分，共5分。

识读电路（图4-2-7）。

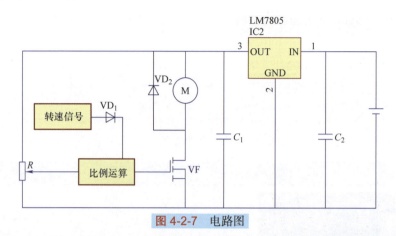

图4-2-7 电路图

1）12V电源经过LM7805对电路提供稳定的_____V电压。当电机转盘缺口转动至光电传感器位置时，转速信号端子导通，二极管VD_2_____（亮/不亮）；当缺口离开光电传感器位置后，二极管VD_2_____（亮/不亮）。处理器根据单位时间内转速信号的通断次数，计算电机的_____。

2）根据可调电阻的电压输入，设定电机的目标转速信号，处理器对转速信号与可调电阻的_____（电压/电流）输入进行比较，当运算的转速比设定转速低时，调节PWM输出使电机获得更高电压，提高转速；反之亦然，最终达到稳定的目标转速。

4. 电路搭建及验证

> 得分：_____ 评分规则：结论2分一空，少填、错填一空扣2分，共4分；正确连接电路图得6分，视情况可扣0~6分，共6分；总分10分。

根据电路图正确连接电路模块。图4-2-8为模块、实训板和示波器。

4.2.5 实训板操作

图4-2-8 模块、实训板和示波器

注意： 连接电路前，确认电源开关处于断开状态。接线无误后，检查导线安装是否牢靠。

1）调节可调电阻控制电机转速，观察现象：_____。
2）使用示波器测量转速脉冲信号，调节可调电阻控制电机转速，观察现象：_____。

六、5S 检查

得分：_____　评分规则：每项1分，少填、错填一项扣1分，共5分。

5S 待完成步骤	结合完成情况打勾
关闭电池开关，正确拆除导线	完成□　未完成□
检查设备完好情况以及电池电量	完成□　未完成□
清洁设备并归位	完成□　未完成□
清洁实训工位	完成□　未完成□
整理实训工单	完成□　未完成□

七、课后习题

得分：_____　评分规则：每空1分，少填、错填一空扣1分，共10分。

1. 选择题

（1）改变直流电机的转向，可以通过（　　）的方法来实现。
A. 改变励磁电流的大小　　　B. 改变转子的磁场大小
C. 改变定子线圈的数量　　　D. 改变输入电流的方向

（2）直流电机的转矩与转子电流成（　　）。
A. 正比　　　B. 反比　　　C. 相同　　　D. 不相关

（3）本实验通过控制（　　），从而控制直流电机的转速。
A. 电流大小　　　B. 电压大小　　　C. 占空比　　　D. 电流方向

（4）直流电机主要由定子、转子、（　　）和换向器组成。
A. 磁铁　　　B. 励磁绕组　　　C. 电刷　　　D. 线框

（5）直流电机容易发生机械磨损的是（　　）。
A. 转子　　　B. 电刷　　　C. 换向器　　　D. 电刷和换向器

2. 判断题

（1）直流电机的转向与电压的大小有关。　　　　　　　　　　　　　　（　　）
（2）减小转子通电电压，可以提高直流电机转速。　　　　　　　　　　（　　）
（3）直流电机主要利用了电磁感应的原理。　　　　　　　　　　　　　（　　）
（4）改变电源的极性可以改变直流电机的转向。　　　　　　　　　　　（　　）
（5）可以通过增大转子电压，以此改变直流电机的转矩。　　　　　　　（　　）

评分汇总

项　目		分数	
		总分	得分
一、课前资讯		5	
二、任务实施	实训一：直流电机控制原理实训	60.5	
	实训二：直流电机转速控制原理实训	23	
三、5S 检查		5	
四、课后习题		10	
任务总分		100.5	

任务三　三相电机控制原理

一、任务目标

◆ 知道新能源汽车的驱动电机类型。
◆ 能理解三相永磁同步电机的基本结构与原理。
◆ 能知道三相永磁同步电机在新能源汽车上的应用。
◆ 能够通过实训理解三相电机的转速控制原理及工作过程。
◆ 正确规范地使用实训板，养成良好的新能源汽车维修职业素养。

二、课前资讯

由老师播放 4.3.1 视频，然后完成以下题目。

得分：_____　评分规则：每题 2 分，少填、错填一题扣 2 分，共 10 分。

1）新能源汽车常用的是三相永磁同步电机。　　　　　　　　　　　　　（　　）
2）特斯拉电动汽车采用的电机是感应电动机。　　　　　　　　　　　　（　　）
3）三相电机电压幅值控制动力大小，频率控制速度。　　　　　　　　　（　　）
4）三相电机控制直流电逆变成交流电的过程。　　　　　　　　　　　　（　　）
5）三相电机可以作为发电机进行能量回收。　　　　　　　　　　　　　（　　）

三、任务导入

电机及其控制系统是新能源汽车的核心部件之一，决定了汽车行驶的主要性能指标。电机可以在较大的速度范围内高效产生转矩，所以新能源汽车不需要变速器或者对变速器的要求低，传动机构更简单，并且噪声低。

本任务实训通过搭建电路，测量三相电机的控制，学习其基本驱动原理，并通过规范的操作，养成良好的职业素养。

四、知识准备

知识链接1：新能源汽车应用驱动电机的种类

新能源汽车驱动电机是新能源汽车的核心部件，主要有直流电机、三相感应电机、三相永磁同步电机、开关磁阻电机等类型。

直流电机的主要优点是控制简单而且技术成熟，但因为直流电机发热严重、机械磨损大等问题难以解决，目前新能源汽车已基本不采用直流电机。

三相感应电机是现今应用最广泛的电机，能够实现制动能量回收的功能，而且具有以下优点：效率较高、质量轻、价格便宜和维修方便等。

开关磁阻电机是一种较新型的电机，具有很多明显的特点，如结构比较简单，效率高，能满足新能源汽车动力性的要求。

知识链接2：三相永磁同步电机的结构

永磁同步电机内部的壳体上间隔绕制六匝线圈，对角的两匝线圈为一组，共三组，而且这三组线圈相互错开120°排列，如图4-3-1所示。

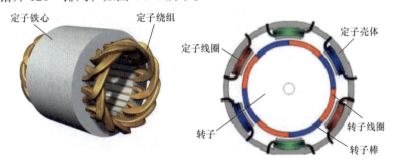

图4-3-1　三相永磁同步电机定子结构

永磁同步电机上的转子使用永久磁铁，如图4-3-2所示，具有转子运动惯量小、运行效率高、功率密度高的优点。永磁同步电机上没有集电环和电刷，由此避免了集电环和电刷磨损造成的故障。但是由于电机的转子使用永磁材料制成，电机在长时间工作后会因为高温、振动导致磁力发生热衰退现象。

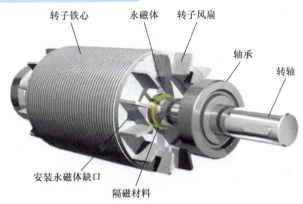

图4-3-2　三相永磁同步电机转子结构

知识链接3：三相永磁同步电机的工作原理

当一组线圈通电时，同一组且对角的两匝线圈会产生相异的磁极，吸引转子朝磁极转动。当给三组线圈依次进行通电时，定子内部就会产生不断旋转的磁场，如图4-3-3所示。因此，在磁场力矩的作用下，转子会跟随磁场的变化而转动。

图4-3-3 旋转磁场产生

实际应用中转子并不是只有一根磁铁，而是多根磁铁嵌入在定子上，转子的外壁就形成了等距离间隔的S极和N极，如图4-3-4所示。此时，三组线圈在三相交流电的作用下，产生旋转的磁场，使得转子稳定地旋转起来。

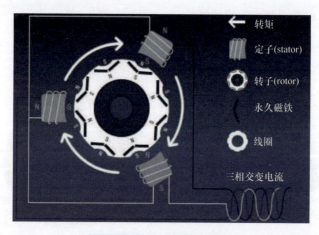

图4-3-4 转子磁极示意图

知识链接4：三相电机的转向控制原理

三相电机转子跟随定子产生的旋转磁场转动，通过改变三相线的通电顺序即可改变旋转磁场的转动方向，从而实现间接控制转子转向。或者需要改变旋转磁场的方向时，只需将接入的三相线任意两相进行交换，旋转磁场就会向相反的方向旋转。

知识链接5：三相永磁同步电机在新能源汽车上的应用

三相永磁同步电机（图4-3-5），广泛应用于新能源汽车动力系统中，永磁同步电机的转子连接着汽车的复合行星齿轮传动机构，经过减速器和差速器后连接车轮。通过调整电流的大小和频率就可以大范围地调整电机的旋转速度和功率，从而驱动汽车行驶。

项目四　新能源汽车执行器　117

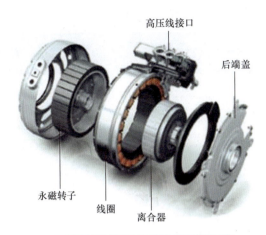

图 4-3-5　三相永磁同步电机结构图

五、任务实施

1. 实训设备认知

得分：_____　评分规则：每空 1 分，少填、错填一空扣 1 分，共 22 分。

4.3.2
实训板认知

在标号对应空格处填写实训板组成部件的名称及作用。

实　训　板	序号	名称	作　用
	1		
	2		
	3		
	4		
	5		
	6		
	7		
	8		
	9		
	10		
	11		

2. 实训设备检查与准备

得分：_____　评分规则：每项 1 分，少填、错填一项扣 1 分，共 11 分。

检查设备并规范操作后填写下表。

实训设备检查表

设　　备	检　　查	结果 是否正常?
三相电机驱动实训	目测三相电机是否正常	是□ 否□
	目测转速表及相关元件是否正常	是□ 否□
	模块电源开关工作情况	是□ 否□
	检查正反转控制按钮	是□ 否□
	通电检查调速旋钮工作情况	是□ 否□
	连接口是否牢固、污损	是□ 否□
	异常记录	
导线	目测外观无破损、用万用表检查通断情况	是□ 否□
	阻值:(　　) Ω	是□ 否□
	异常记录	

3. 识读电路图

得分：_____　评分规则：每空 4 分，少填、错填一空扣 4 分，共 4 分。

识读电路图 4-3-6。

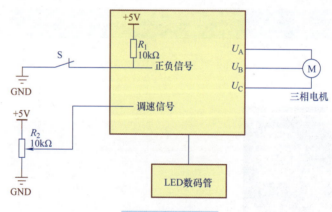

图 4-3-6　电路图

1）正反信号端子初始为 5V 高电平，当按下电动开关并且松手后，正反信号端子产生一个 _____（高／低）电平的脉冲信号。处理器根据此脉冲信号改变电机转动方向。

2）处理器根据可调电阻输入的电压信号，控制变频器改变输出频率，从而实现变速。

3）电机转动过程中产生的脉冲信号，经过处理器内部的运算，控制 LED 数码管显示电机实际转速。

4. 电路搭建及验证

得分：_____　评分规则：结论每空 4 分，少填、错填一空扣 4 分，共 16 分；正确描绘图像得 5 分，视情况可扣 0~5 分，共 5 分；正确连接电路图得 7 分，视情况可扣 0~7 分，共 7 分；总分 28 分。

根据电路图正确连接电路模块。图 4-3-7 为模块、实训板和示波器。

4.3.3 实训板操作

图 4-3-7 模块、实训板和示波器

注意：连接电路前，确认电源开关处于断开状态。接线无误后，检查导线安装是否牢靠。

（1）探究三相电机驱动电源的特征

接通电源，使用示波器测量 U_{CA} 端子、U_{BC} 端子和 U_{AB} 端子并记录波形（图 4-3-8）。

由此实验可以得知，三线电机驱动电源的特点是_____。

（2）探究三相电源与电机转速的关系

接通电源，使用示波器测量 U_{CA} 端子、U_{BC} 端子和 U_{AB} 端子，转动可调电阻旋钮，控制电机转速。由此实验可以得知，_____。

图 4-3-8 线电压波形

按下正反按钮，使用示波器测量 U_{CA} 端子、U_{BC} 端子和 U_{AB} 端子，转动可调电阻旋钮，控制电机转速。由此实验可以得知，_____。

（3）探究电机转速与转速脉冲信号的关系

接通电源，使用示波器测量转速脉冲信号端子，转动可调电阻旋钮，控制电机转速。

观察现象：由此实验可以得知，_____。

六、5S 检查

得分：_____　评分规则：每项 1 分，少填、错填一项扣 1 分，共 5 分。

5S 待完成步骤	结合完成情况打勾
关闭电池开关，正确拆除导线	完成☐　未完成☐
检查设备完好情况以及电池电量	完成☐　未完成☐
清洁设备并归位	完成☐　未完成☐
清洁实训工位	完成☐　未完成☐
整理实训工单	完成☐　未完成☐

七、课后习题

得分：_____ 评分规则：每空 2 分，少填、错填一空扣 2 分，共 20 分。

1. 选择题

（1）新能源汽车应用的驱动电机有哪些？（   ）
A. 直流电机   B. 三相感应电机
C. 开关磁阻电机   D. A、B、C 都对

（2）永磁同步电机上的转子使用的是（   ）。
A. 永久磁铁   B. 线圈   C. 稀有金属   D. A 和 B 都对

（3）改变三相交流电源的（   ），可以控制电机的旋转速度。
A. 电压大小   B. 频率   C. A 与 B 都对   D. A 和 B 都不相关

（4）与直流电机相比，永磁同步电机少了（   ）部件。
A. 电刷   B. 定子   C. 转子

（5）三相同步电机的优点有（   ）。
A. 功率密度高   B. 转子运动惯量小   C. 没有热衰退   D. A 和 B 都对

2. 判断题

（1）新能源汽车上的永磁同步电机由定子、转子和壳体组成。（   ）
（2）虽然电机长时间运行在高温、振动的条件下，但性能影响不大。（   ）
（3）直流电机的主要优点是控制简单、技术成熟，所以现代新能源汽车大部分都采用直流电机。（   ）
（4）三相永磁同步电机定子的作用是产生旋转的磁场。（   ）
（5）通过调整输入三相同步电机电流的大小和频率就可以大范围地调整电机的旋转方向。（   ）

评分汇总

项　目		分数	
		总分	得分
一、课前资讯		10	
二、任务实施	1. 实训设备认知	22	
	2. 实训设备检查与准备	11	
	3. 识读电路图	4	
	4. 电路搭建及验证	28	
三、5S 检查		5	
四、课后习题		20	
任务总分		100	

项目五 新能源汽车控制器及传感器

任务一 磁电位置传感器原理与应用

一、任务目标

- ◆ 知道磁电位置传感器的特点及应用。
- ◆ 能理解电磁感应的原理与磁电位置传感器工作原理。
- ◆ 能使用示波器测量磁电位置传感器的输出波形,并做出准确分析。
- ◆ 正确规范地使用实训板,养成良好的新能源汽车维修职业素养。

二、课前资讯

由老师播放 5.1.1 视频,然后完成以下题目。

得分:_____ 评分规则:每题 2 分,少填、错填一题扣 2 分,共 10 分。

1)磁电位置传感器是一种无源传感器。( )
2)磁电传感器输出的是微弱的交变电压信号。( )
3)磁电传感器常用于测量转速,如车速信号。( )
4)磁电传感器输出的信号在控制器内部经过整形放大成数字信号。( )
5)比亚迪 e5/e6 电机旋变传感器实际上也是磁电传感器。( )

三、任务导入

每个车轮上各安装一个磁电传感器,用于把车轮的转动速度转换成传感器的输出信号。ABS 控制单元根据此信号控制制动过程中各车轮的制动力大小,以保证汽车的制动方向稳定性,防止产生侧滑和跑偏。

本任务实训通过搭建电路,学会测量磁电位置传感器的输出波形,学习磁电传感器基本原理,并通过规范的操作养成良好的职业素养。

四、知识准备

知识链接 1:磁电位置传感器的认知

磁电式传感器正常工作时无须外接电源,是利用电磁感应来测量物体转速的一种传感器，在新能源汽车领域用于测量驱动电机的转速，主要是依靠信号盘的铁齿感应线圈来产生输出信号。该传感器制造成本低，工作可靠，安装方便，在燃油汽车和新能源汽车中都广泛使用。

知识链接 2：磁电位置传感器的工作原理

磁电位置传感器工作原理如图 5-1-1 所示。电机转子转动过程中，转盘上的磁极周期性地划过检测线圈，从而在检测线圈附近产生周期性的变化磁场，即线圈两端产生周期性的感应电动势。控制单元根据线圈感应出的电流值和脉冲次数计算出电机转子的磁极位置和转速信号，作为电机的控制参考信号。

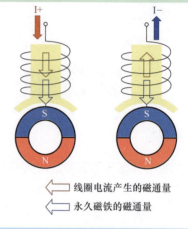

图 5-1-1　磁电位置传感器工作原理

知识链接 3：磁电传感器的特点

磁电式传感器结构简单，运行过程无须供电（图 5-1-2），输出的是交流电压信号，控制单元根据单位时间内电压脉冲的多少计算出车轮的转速，从而间接测量出汽车的行驶速度。

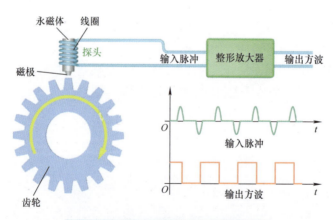

图 5-1-2　磁电传感器信号处理示意图

知识链接 4：磁电位置传感器在新能源汽车的应用

磁电位置传感器检测电机转子在运动过程中的位置，将转子的位置信号转换成电信号，为逻辑开关电路提供正确的换相信号，以控制它们的导通与截止，使电机电枢绕组中的电流随着转子位置的变化按次序换向，形成旋转磁场，驱动永磁转子连续不断地旋转。

五、任务实施

1. 实训设备认知

得分：_____ 评分规则：每空2分，少填、错填一空扣2分，共32分。

5.1.2
实训板认知

在标号对应空格处填写实训板组成部件的名称及作用。

实 训 板	序号	名称	作 用
	1		
	2		
	3		
	4		
	5		
	6		
	7		
	8		

2. 实训设备检查与准备

得分：_____ 评分规则：每项1分，少填、错填一项扣1分，共10分。

检查设备并规范操作后填写下表。

实训设备检查表

设 备	检 查	结果 是否正常?
磁电位置传感器实训板	目测电机是否正常	是□ 否□
	目测转速表及相关元件是否正常	是□ 否□
	车速转速开关工作情况	是□ 否□
	检查转速调节旋钮工作情况	是□ 否□
	连接口是否牢固、污损	是□ 否□
	异常记录	
导线	目测外观无破损、用万用表检查通断情况	是□ 否□
	阻值：(　　) Ω	是□ 否□
	异常记录	

3. 识读电路图

识读电路图 5-1-3。

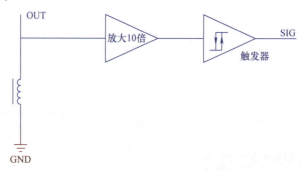

图 5-1-3　电路图

1）电机转盘上带有一颗磁块，在电机转动过程中，电感线圈的磁场发生周期性变化，因此线圈两端产生微弱的脉冲电压。

2）该周期性变化的脉冲电压经过放大整形处理后，在 LED 数码显示器上显示出相应的转速。

4. 电路搭建及验证

> 得分：_____　评分规则：一空 3 分，少填、错填一空扣 3 分，共 6 分；结论 4 分一空，少填、错填一空扣 4 分，共 4 分；正确描绘图像得 5 分，视情况可扣 0~5 分，共 5 分；正确连接电路图得 8 分，视情况可扣 0~8 分，共 8 分；总分 23 分。

根据电路图正确连接电路模块。图 5-1-4 为模块、实训板和示波器。

5.1.3 实训板操作

图 5-1-4　模块、实训板和示波器

注意：连接电路前，确认电源开关处于断开状态。接线无误后，检查导线安装是否牢靠。

（1）探究磁性转盘与磁电传感器输出电压的关系

接通电源后，调节电机转速旋钮，使电机转速为 0，用手缓慢转动磁性转盘，使用万用表测量 OUT 端子。由此实验可以得知，_____。

（2）探究电机转速与磁电传感器输出电压的关系

转动电机转速旋钮，调节电机的转速，使用示波器测量OUT端子，并记录波形（图5-1-5）。

由此实验可以得知，计算磁电传感器在单位时间内产生的脉冲数目，可以检测出电机的_____。电机转速越高，单位时间内产生的脉冲数_____（越多/越少）。

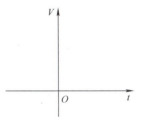

图 5-1-5　绘制波形

六、5S 检查

得分：_____　　评分规则：每项1分，少填、错填一项扣1分，共5分。

5S 待完成步骤	结合完成情况打勾
关闭电池开关，正确拆除导线	完成□　未完成□
检查设备完好情况以及电池电量	完成□　未完成□
清洁设备并归位	完成□　未完成□
清洁实训工位	完成□　未完成□
整理实训工单	完成□　未完成□

七、课后习题

得分：_____　　评分规则：每空2分，少填、错填一空扣2分，共20分。

1. **选择题**

（1）磁电位置传感器是利用（　　）来测量物体转速的。

A. 磁电感应　　　　B. 电产生磁　　　　C. 法拉第定律　　　D. 以上都对

（2）磁电位置传感器工作（　　）外加电源。

A. 需要　　　　　　B. 不需要　　　　　C. 偶尔需要　　　　D. 以上都对

（3）磁电位置传感器是将被测物体的机械能转变成（　　）输出。

A. 电压信号　　　　B. 磁信号　　　　　C. 电流信号　　　　D. 以上都对

（4）下列哪些是磁电位置传感器的优点？（　　）

A. 较高灵敏性　　　　　　　　　　　　B. 不受其他磁场干扰

C. 可靠性高　　　　　　　　　　　　　D. A 和 C 都对

（5）磁电位置传感器可以测出物体的（　　）。

A. 转速　　　　　　B. 转矩　　　　　　C. 转角　　　　　　D. 以上都对

2. **判断题**

（1）磁电位置传感器由线圈、铁心、壳体组成。　　　　　　　　　　　　（　　）

（2）磁电位置传感器制造成本低，工作可靠，安装方便。　　　　　　　　（　　）

（3）磁电传感器运行过程中，需要额外电源供电。　　　　　　　　　　　（　　）

（4）磁电位置传感器信号无须进行放大输出。　　　　　　　　　　　　　（　　）

（5）磁电位置传感器利用电磁感应原理产生信号。　　　　　　　　　　　（　　）

评分汇总

项目		分数	
		总分	得分
一、课前资讯		10	
二、任务实施	1. 实训设备认知	32	
	2. 实训设备检查与准备	10	
	3. 识读电路图	0	
	4. 电路搭建及验证	23	
三、5S 检查		5	
四、课后习题		20	
任务总分		100	

任务二　霍尔传感器原理与应用

一、任务目标

◆ 知道什么是霍尔效应。
◆ 能理解霍尔电流、转速、位置传感器的原理。
◆ 知道霍尔电流、转速、位置传感器在新能源汽车上的应用。
◆ 能使用万用表测量霍尔电流、位置传感器的输出特性。
◆ 能使用示波器测量霍尔转速传感器的波形，并做出正确分析。
◆ 正确规范地使用实训板，养成良好的新能源汽车维修职业素养。

二、课前资讯

由老师播放 5.2.1 视频，然后完成以下题目。

得分：_____　评分规则：每题 1 分，少填、错填一题扣 1 分，共 5 分。

1）霍尔器件都与磁场有关。　　　　　　　　　　　　　　　　　　　　（　　）
2）霍尔电流传感器输出的是电流信号。　　　　　　　　　　　　　　　（　　）
3）霍尔转速传感器输出的是电压信号。　　　　　　　　　　　　　　　（　　）
4）霍尔位置传感器输出的是电流信号。　　　　　　　　　　　　　　　（　　）
5）霍尔转速传感器与磁电转速传感器都属于有源器件。　　　　　　　　（　　）

三、任务导入

随着汽车技术的发展，特别是新能源汽车的出现，传统接触式传感器使用的局限性越来越明显。霍尔传感器具备与被测对象无接触的优点，所以新能源汽车逐渐使用霍尔传感器来取代

项目五 新能源汽车控制器及传感器 | 127

传统接触式传感器。

本任务实训通过搭建电路，测量霍尔传感器工作特性，学习霍尔传感器的基本原理，并通过规范的操作养成良好的职业素养。

四、知识准备

知识链接 1：霍尔效应

一个正常通电的导体，如果对其施加一个垂直于电流流动方向的磁场，则在洛伦兹力的作用下，电子的运动轨迹将发生偏转，并在导体两侧产生电荷积累，形成垂直于电流和磁场方向的电场。最后，电子受到的洛伦兹力与电场斥力相平衡，从而在两侧建立起一个稳定的电势差，即霍尔电压。这个现象就是霍尔效应，如图 5-2-1 所示。

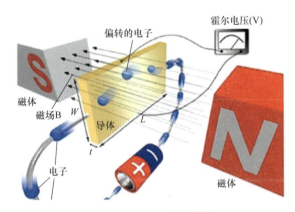

图 5-2-1　霍尔效应原理

知识链接 2：霍尔电流传感器的原理

霍尔电流传感器利用的是霍尔效应，如图 5-2-2 所示，主要包括霍尔元件、磁心和放大电路等。当穿过磁心的导线通过电流时，将会在磁心内部产生一个环绕导线的磁场。磁场的大小与流过导线的电流成正比，从而使霍尔元件输出相应大小的电压。因为导线周围产生的磁场较弱，霍尔元件输出的电压信号较低，所以输入到控制单元之前需要将电压信号进行放大。

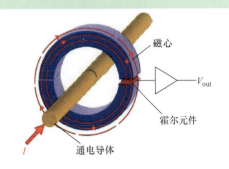

图 5-2-2　霍尔电流传感器电路示意图

知识链接 3：霍尔电流传感器的应用

动力蓄电池控制系统中广泛应用霍尔电流传感器，该传感器安装在高压蓄电池箱内，如图 5-2-3 所示，主要检测动力蓄电池的充电状态和放电状态。当传感器检测到电池放电出现异常情况时，会向 BMS 发出信号，控制单元及时地断开动力蓄电池的电压输出，以防发生安全事故或造成电池损坏。

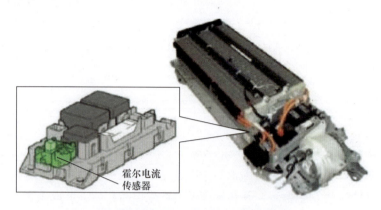

图 5-2-3　霍尔电流传感器安装位置

知识链接 4：霍尔位置传感器的原理

霍尔位置传感器是一种通过检测磁场变化从而测量物体位置的传感器。如图 5-2-4 所示，磁块安装于被测转盘上，霍尔元件则固定在转盘外侧。当转盘发生转动时，磁块与霍尔元件的相对位置也发生变化，霍尔元件检测到磁场的改变，从而输出相应的电压信号。

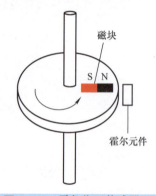

图 5-2-4　霍尔位置传感器组成

知识链接 5：霍尔位置传感器在新能源汽车上的应用

如图 5-2-5 所示，霍尔位置传感器主要由磁铁和霍尔 IC 芯片组成。霍尔 IC 芯片安装在加速踏板的心轴上固定不动，两个磁铁安装在加速踏板的旋转部件上，可随加速踏板一起动作。工作时，与加速踏板联动的永久磁铁随加速踏板的动作一起旋转，改变磁铁与霍尔元件之间的相对位置，从而改变了磁力线射入霍尔元件的角度，也就改变了霍尔元件输出的电压值。霍尔

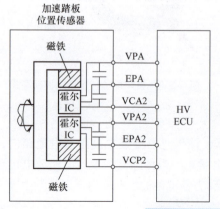 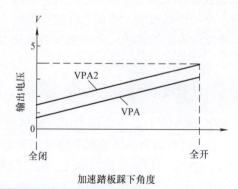

图 5-2-5　加速踏板位置传感器电路示意图

元件输出的电压值与加速踏板内的磁铁位置有一一对应的线性关系,霍尔元件的输出电压就可以反映加速踏板所处的位置。其主要作用是给控制单元提供两个信息:加速踏板的位置信号和加速踏板位置变化的速度,控制单元根据这两个信号来控制电机的动力输出。

知识链接6:霍尔转速传感器的原理

霍尔转速传感器由霍尔元件和磁性转盘组成,如图5-2-6所示,磁性转盘与输出轴连接。当输出轴旋转时,磁性转盘也随之转动,所以固定在磁性转盘附近的霍尔元件能感应到磁场的交替变化。霍尔元件会在每个小磁场经过时产生一个对应的脉冲电压,通过计算单位时间内产生的脉冲数,可以间接计算出被测轴的转速。

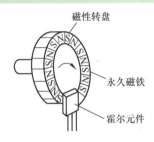

图 5-2-6　霍尔转速传感器

知识链接7:霍尔转速传感器在新能源汽车上的应用

大部分新能源汽车使用的是霍尔转速传感器,该传感器安装在动力系统的输出轴上。该信号用于汽车仪表系统显示车速、巡航定速系统的车速反馈和制动过程中 ABS 控制制动力的分配等。

五、任务实施

实训一:霍尔电流传感器原理实训

1. 实训设备认知

得分:_____　　评分规则:每空 0.25 分,少填、错填一空扣 0.25 分,共 4.5 分

5.2.2
实训板认知

在标号对应空格处填写实训板组成部件的名称及作用。

实训板	序号	名称	作　用
	1		
	2		
	3		
	4		
	5		
	6		
	7		
	8		
	9		

2. 实训设备检查与准备

得分:_____　　评分规则:每项 0.5 分,少填、错填一项扣 0.5 分,共 5 分。

检查设备并规范操作后填写下表。

实训设备检查表

设　　备	检　　查	结果 是否正常？
霍尔电流传感器实训板	目测霍尔传感器是否正常	是□　否□
	目测电压表及相关元件是否正常	是□　否□
	检查电流调节旋钮工作情况	是□　否□
	连接口是否牢固、污损	是□　否□
	检查电流方向切换开关工作情况	是□　否□
	异常记录	
导线	目测外观无破损、用万用表检查通断情况	是□　否□
	阻值：（　　）Ω	是□　否□
	异常记录	

3. 识读电路图

> 得分：_____　评分规则：每空1分，少填、错填一空扣1分，共1分。

识读电路图 5-2-7。

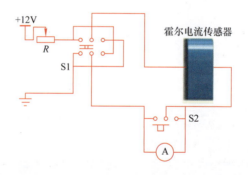

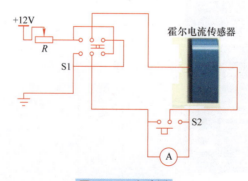

图 5-2-7　电路图

1）S1控制电流穿过霍尔传感器的方向，使霍尔传感器产生_____（电压/电流）信号。

2）电流的流动方向：电压正极→可调电阻R→穿过霍尔传感器导线部分→电流表→电源负极。

4. 电路搭建及验证

> 得分：_____ 评分规则：每空1分，少填、错填一空扣1分，共14分；结论每空2分，少填、错填一空扣2分，共4分；正确描绘图像得3分，视情况可扣0~3分，共3分；正确连接电路图得4分，视情况可扣0~4分，共4分；总分共25分。

根据电路图正确连接电路模块。图 5-2-8 为模块、实训板和电压表。

5.2.3 实训板操作

图 5-2-8　模块、实训板和电压表

注意： 连接电路前，确认电源开关处于断开状态。接线无误后，检查导线安装是否牢靠。

（1）探究电流正向流动时，电流大小与霍尔信号的关系

断开开关 S2，接入电流表，然后接通电源，转动可调电阻旋钮，改变流过霍尔传感器的电流大小，并且记录数据。

当电流为 0mA 时，霍尔传感器的输出电压为_____mV。
当电流为 5mA 时，霍尔传感器的输出电压为_____mV。
当电流为 10mA 时，霍尔传感器的输出电压为_____mV。
当电流为 15mA 时，霍尔传感器的输出电压为_____mV。
当电流为 20mA 时，霍尔传感器的输出电压为_____mV。
当电流为 25mA 时，霍尔传感器的输出电压为_____mV。
由此实验可以得知，_____。

（2）探究电流反向流动时，电流大小与霍尔信号的关系

接通电源，使用 S1 开关控制流过霍尔传感器的电流方向。转动可调电阻旋钮，改变流过霍尔传感器的电流大小，并且记录数据。

当电流为 0mA 时，霍尔传感器的输出电压为_____mV。
当电流为 5mA 时，霍尔传感器的输出电压为_____mV。
当电流为 10mA 时，霍尔传感器的输出电压为_____mV。
当电流为 15mA 时，霍尔传感器的输出电压为_____mV。
当电流为 20mA 时，霍尔传感器的输出电压为_____mV。

当电流为 25mA 时，霍尔传感器的输出电压为_____mV。

由此实验可以得知，_____。

（3）根据上面数据，画出霍尔传感器的特性图（图 5-2-9）。

电流方向为正时，电流值越小，霍尔传感器输出电压值越_____（大 / 小）；电流方向为负时，电流值越大，霍尔传感器输出电压值越_____（大 / 小）。

图 5-2-9　霍尔传感器特性图

实训二：霍尔加速踏板位置传感器原理实训

1. 实训设备认知

得分：_____　评分规则：每空 0.25 分，少填、错填一空扣 0.25 分，共 7.5 分。

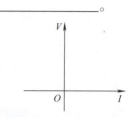

5.2.4 实训板认知

在标号对应空格处填写实训板组成部件的名称及作用。

实 训 板	序号	名称	作 用
	1		
	2		
	3		
	4		
	5		
	6		
	1		
	2		
	3		
	4		
	5		
	6		
	7		
	8		
	9		

2. 实训设备检查与准备

得分：_____　评分规则：每项 0.5 分，少填、错填一项扣 0.5 分，共 6 分。

检查设备并规范操作后填写下表。

实训设备检查表

设 备	检 查	结果 是否正常？
霍尔加速踏板位置传感器实训板	目测电容元件是否正常	是□ 否□
	目测电压表及相关元件是否正常	是□ 否□
	连接口是否牢固、污损	是□ 否□
	异常记录	
DC/DC 降压实训板	实训板电源接口是否牢固、污损	是□ 否□
	AMS1117 元件是否正常	是□ 否□
	连接口是否牢固、污损	是□ 否□
	异常记录	
导线	目测外观无破损，用万用表检查通断情况	是□ 否□
	阻值：( ) Ω	是□ 否□
	异常记录	

3. 识读电路图

得分：_____　评分规则：每空 1 分，少填、错填一空扣 1 分，共 2 分。

识读电路图（图 5-2-10）。

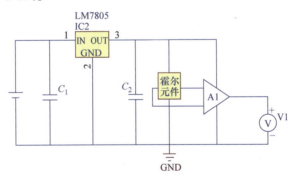

图 5-2-10　电路图

1）来自电源的 12V 电压经过 LM7805 降压后，输出稳定的_____V 电压，同时对霍尔元件和放大器供电，根据加速踏板位置的变化，霍尔元件两侧输出相应的微弱电势差。

2）把这个电势差按一个_____比例放大，输出电压信号。

4. 电路搭建及验证

得分：_____　评分规则：一空 1 分，少填、错填一空扣 1 分，共 3 分；结论 2 分一空，少填错填一空扣 2 分，共 2 分；正确连接电路图得 4 分，视情况可扣 0~4 分，共 4 分；总分 9 分。

根据电路图正确连接电路模块。图 5-2-11 为模块、实训板和电压表。

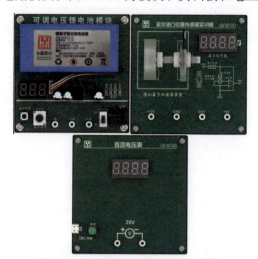

图 5-2-11　模块、实训板和电压表

注意：连接电路前，确认电源开关处于断开状态。接线无误后，检查导线安装是否牢靠。

（1）探究霍尔位置传感器信号的变化范围

接通电源后，从最低点到最高点缓慢踩下加速踏板，使用万用表测量 OUT 端子的电压，最大电压值为_____V，最小电压值为_____V。

（2）探究加速踏板位置与霍尔位置传感器输出信号的关系

接通电源后，改变加速踏板位置时，霍尔位置传感器检测_____的变化，并输出相应电压信号，从而检测加速踏板位置的变化。

由此实验可以得知，_____。

实训三：霍尔转速传感器原理实训

1. 实训设备认知

在标号对应空格处填写实训板组成部件的名称及作用

得分：_____　评分规则：每空 0.25 分，少填、错填一空扣 0.25 分，共 3.5 分。

实　训　板	序号	名称	作　用
	1		
	2		
	3		
	4		
	5		
	6		
	7		

2. 实训设备检查与准备

得分：_____ 评分规则： 每项 0.5 分，少填、错填一项扣 0.5 分，共 5 分。

检查设备并规范操作后填写下表。

实训设备检查表

设　　备	检　　查	结果 是否正常？
霍尔转速传感器实训板	目测电机是否正常	是□ 否□
	目测转速表及相关元件是否正常	是□ 否□
	通电检查转速调节旋钮工作情况	是□ 否□
	连接口是否牢固、污损	是□ 否□
	检查切换按钮情况	是□ 否□
	异常记录	
导线	目测外观无破损、用万用表检查通断情况	是□ 否□
	阻值：（　　　）Ω	是□ 否□
	异常记录	

3. 识读电路图

得分：_____ 评分规则： 每空 1 分，少填、错填一空扣 1 分，共 1 分。

识读电路图 5-2-12。

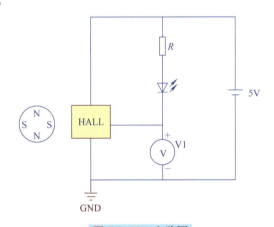

图 5-2-12　电路图

1）霍尔元件固定在磁性转盘旁边，当电机工作时，霍尔元件感应磁性转盘磁极的变化，从而输出相应的高电平 5V 或低电平_____V。

2）当霍尔传感器输出低电平 0V 时，发光二极管点亮，当输出高电平 5V 时，发光二极管熄灭。

4. 电路搭建及验证

得分：_____ 评分规则： 每空 1 分，少填、错填一空扣 1 分，共 2 分；结论每空 2 分，少填错填一空扣 2 分，共 2 分；正确画出图像得 3 分，视情况可扣 0~3 分，共 3 分；正确连接电路图得 4 分，视情况可扣 0~4 分，共 4 分；总分 11 分根据电路图正确连接电路模块。图 5-2-13 为模块、实训板和示波器。

5.2.7 实训板操作

图 5-2-13　模块、实训板和示波器

注意：连接电路前，确认电源开关处于断开状态。接线无误后，检查导线安装是否牢靠。

（1）探究磁性转盘与霍尔转速传感器输出电压的关系

接通电源后，调节电机转速旋钮，使电机转速为 0，用手缓慢转动磁性转盘，使用万用表测量 OUT 端子。

由此实验可以得知，_____。

（2）探究电机转速与霍尔转速传感器输出电压的关系

转动电机转速旋钮，调节电机的转速，使用示波器测量 OUT 端子，并记录波形（图 5-2-14）。

由此实验可以得知，计算霍尔传感器在单位时间内产生的脉冲数目，可以检测出电机的_____。电机转速越高，单位时间内产生的脉冲数_____（越多 / 越少）。

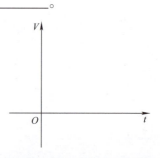

图 5-2-14　霍尔转速传感器波形

六、5S 检查

得分：_____　评分规则：每项 1 分，少填、错填一项扣 1 分，共 5 分。

5S 待完成步骤	结合完成情况打勾
关闭电池开关，正确拆除导线	完成□　未完成□
检查设备完好情况以及电池电量	完成□　未完成□
清洁设备并归位	完成□　未完成□
清洁实训工位	完成□　未完成□
整理实训工单	完成□　未完成□

七、课后习题

得分：_____   评分规则：每空 1 分，少填、错填一空扣 1 分，共 10 分。

1. 选择题

（1）置于磁场中的导体，如果电流方向与磁场方向垂直，则垂直于电流和磁场方向会产生一个电压，这个现象就称为（   ）。
　A. 霍尔效应　　　　B. 电流效应　　　　C. 电压效应　　　　D. 磁场效应

（2）霍尔电流传感器中，当有电流通过聚磁环的导线时，在导线周围（   ）。
　A. 产生磁场　　　　B. 产生电压　　　　C. 产生电流　　　　D. 以上都有

（3）关于霍尔传感器的说法错误的是（   ）。
　A. 霍尔传感器有在静态下感受磁场的能力
　B. 控制电流不变时，霍尔电势正比于磁感应强度
　C. 当控制电流、磁感应强度均变时，传感器输出与二者乘积成正比
　D. 当磁感应强度不变时，霍尔电压与控制电流成反比

（4）霍尔传感器利用霍尔效应制成，主要测量（   ）的大小。
　A. 磁场　　　　　　B. 电压　　　　　　C. 电流　　　　　　D. 以上都有

（5）改变了（   ）与霍尔元件的位置，霍尔元件输出的电压就会改变。
　A. 磁铁　　　　　　B. 铁块　　　　　　C. 铜块　　　　　　D. 以上都有

2. 判断题

（1）霍尔电流传感器由霍尔元件和磁性转盘组成。　　　　　　　　　　　　（   ）
（2）霍尔电流传感器由于电压信号较高，不需要经信号放大器放大后输出。（   ）
（3）改变磁体与霍尔元件的相对位置，霍尔元件的输出电压值也改变。　　（   ）
（4）霍尔传感器具有灵敏度高、体积小的优点。　　　　　　　　　　　　　（   ）
（5）霍尔转速传感器是通过在一定单位时间内产生的脉冲电压数目计算转速。（   ）

评分汇总

项　目		分数	
		总分	得分
一、课前资讯		5	
二、任务实施	实训一　霍尔电流传感器原理实训	35.5	
	实训二　霍尔加速踏板位置传感器原理实训	24.5	
	实训三　霍尔转速传感器原理实训	20.5	
三、5S 检查		5	
四、课后习题		10	
任务总分		100.5	

任务三　热敏电阻原理与应用

一、任务目标

◆ 能够描述什么是热敏电阻。
◆ 能够使用万用表对热敏电阻进行检测。
◆ 能够描述 NTC 与 PTC 在新能源汽车上的应用。
◆ 能够通过测量 NTC 与 PTC 的工作特性，正确做出分析。
◆ 正确规范地使用实训板，养成良好的新能源汽车维修职业素养。

二、课前资讯

由老师播放 5.3.1 视频，然后完成以下题目。

得分：_____　评分规则：每空 1 分，少填、错填一空扣 1 分，共 5 分。

1）热敏电阻分为 NTC 和 PTC 两种类型。　　　　　　　　　　　　　　（　　）
2）NTC 常用作温度传感器。　　　　　　　　　　　　　　　　　　　（　　）
3）新能源汽车电池温度采集用的是 NTC。　　　　　　　　　　　　　（　　）
4）新能源汽车暖风加热采用的是 PTC。　　　　　　　　　　　　　　（　　）
5）PTC 和 NTC 可以互换。　　　　　　　　　　　　　　　　　　　（　　）

三、任务导入

温度是物体冷热程度的物理量，热敏电阻是一种将温度变化转换为电参数变化的传感器。热敏电阻按照温度系数不同分为正温度系数热敏电阻（PTC）和负温度系数热敏电阻（NTC）。一般来说，新能源汽车采暖系统利用 PTC 作为发热源，利用 NTC 作为温度传感器。

本任务实训通过搭建电路，测量 NTC 和 PTC 两种热敏电阻的工作特性，并通过规范的操作，养成良好的职业素养。

四、知识准备

知识链接 1：热敏电阻的认知

热敏电阻的特点是对温度的变化敏感，并且处于不同的温度表现出不同的阻值大小，工作温度范围宽并且体积小。

按照温度系数的不同，热敏电阻可以分为正温度系数热敏电阻（PTC）和负温度系数热敏电阻（NTC），如图 5-3-1 所示。其中正温度系数的热敏电阻（PTC）随着温度的升高，电阻值随着变大；与之相反，负温度系数热敏电阻（NTC）随着温度的升高，电阻值随着变小。

项目五 新能源汽车控制器及传感器 | 139

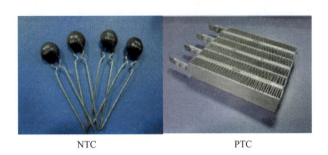

图 5-3-1 热敏电阻

> **知识链接 2：热敏电阻的检测方法**

PTC 的检测：万用表选用电阻档，分别用表笔夹住 PTC 的两个引脚，测出实际的阻值大小，然后将热敏电阻靠近已加热的电烙铁，观察万用表的读数变化。

如果万用表显示的读数逐渐升高，并且变化到一定数值时，读数逐渐稳定，则说明 PTC 正常。如果万用表显示的阻值无明显变化，则说明热敏电阻损坏，不可以继续使用。

NTC 的检测方法类似，此处不再赘述。

图 5-3-2 为热敏电阻温度－电阻特性图。

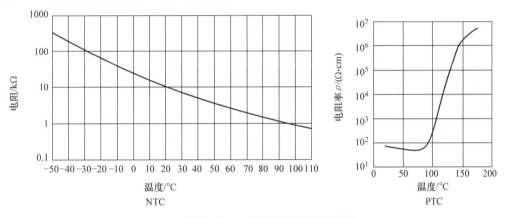

图 5-3-2 热敏电阻温度－电阻特性图

> **知识链接 3：NTC 在新能源汽车上的应用**

动力蓄电池在放电时发热严重，所以在蓄电池箱内安装了 NTC 温度传感器用以实时监测环境温度。当温度达到设定的阈值时，处理器会及时切断电源，这样不仅避免动力蓄电池损坏，而且能有效保护驾驶人的人身安全。

> **知识链接 4：PTC 在新能源汽车上的应用**

新能源汽车空调暖气的制热方式和燃油汽车不一样。燃油汽车利用发动机冷却液的散热来取暖，不需要额外消耗发动机能量，而新能源汽车需要消耗额外的电能，使用 PTC 加热器通电发热来取暖。

一般新能源汽车暖气系统的空气通过 PTC 加热器的加热后，从出风口直接吹入车内，如图 5-3-3 所示，实现车内采暖功能。采用 PTC 加热器有一个好处：当外界温度比较低时，PTC 电阻值较小，此时发热效率反而会高，所以采用 PTC 加热器具有节能、恒温和使用寿命长等特点。但也存在一个问题：PTC 加热采暖对动力蓄电池的电量消耗大，严重影响了新能源汽车的行驶里程。

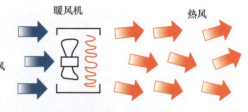

图 5-3-3　PTC 空调加热

五、任务实施

实训一：NTC 测温控制实训

1. 实训设备认知

得分：_____　评分规则：每空 1 分，少填、错填一空扣 1 分，共 16 分。

5.3.2 实训板认知（NTC 测温控制）

5.3.3 实训板认知（微处理最小系统）

在标号对应空格处填写实训板组成部件的名称及作用。

实训板	序号	名称	作用
（NTC测温控制实训板图）	1		
	2		
	3		
	4		
	5		
	6		
	7		
	8		

2. 实训设备检查与准备

得分：_____　评分规则：每项 1 分，少填、错填一项扣 1 分，共 8 分。

检查设备并规范操作后填写下表。

实训设备检查表

设备	检查	结果 是否正常？
NTC 测温控制实训板	目测电机是否正常	是□　否□
	目测电阻及热敏元件是否正常	是□　否□
	连接口是否牢固、污损	是□　否□
	异常记录	
导线	目测外观无破损、用万用表检查通断情况	是□　否□
	阻值：(　　) Ω	是□　否□
	异常记录	

3. 识读电路图

得分：_____ 评分规则：每空1分，少填、错填一空扣1分，共6分。

识读电路图 5-3-4。

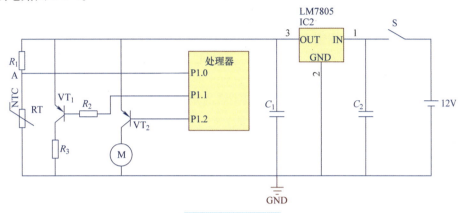

图 5-3-4　电路图

1）12V 电源过 LM7805 后，输出稳定的 _____V 电压。

2）电路中 RT 与 R_1 串联分压，当环境温度高时，RT 电阻小，即 A 点电势低；当环境温度低时，RT 电阻大，即 A 点电势高，处理器根据 A 点的电势大小判断温度的高低。

3）当 P1.1 端子输出高电平时，晶体管 VT_1 处于 _____（截止 / 导通）状态，电阻 R_2 _____（有 / 无）电流通过；当 P1.1 端子输出低电平时，二极管 VT_2 处于 _____（截止 / 导通）状态，电阻 R_3 通电制热。

4）当 P1.2 端子输出高电平时，晶体管 VT_2 处于 _____（截止 / 导通）状态，电机不工作；当 P1.2 端子输出低电平时，晶体管 VT_2 处于 _____（截止 / 导通）状态，电机正常工作。

4. 电路搭建及验证

得分：_____ 评分规则：每空1分，少填、错填一空扣1分，共5分；结论2分一空，少填、错填一空扣2分，共4分；正确连接电路图得3分，视情况可扣0~3分，共3分；总分12分。

根据电路图正确连接电路模块。图 5-3-5 为模块、实训板和电压表。

5.3.4 实训板操作

图 5-3-5　模块、实训板和电压表

> **注意**：连接电路前，确认电源开关处于断开状态。接线无误后，检查导线安装是否牢靠。

（1）探究 RT 电阻温度较低时，NTC 测温系统的状态

接通电源，RT 电阻温度较低，使用万用表测量 P1.1 端子，记录电压为_____V；使用万用表测量 P1.2 端子，记录电压为_____V；记录实验现象_____。

（2）探究 RT 电阻升温过程中，A 点电压的变化

电阻 R_3 制热过程中，RT 电阻稳定上升，测量 A 点电压，由此实验可以得知，_____。

（3）探究 RT 电阻温度过高时，NTC 测温系统的状态

RT 电阻温度继续升高，当达到目标温度时，电机停止工作，电阻 R_3 停止制热，P1.1 端子电压为_____V，P1.2 端子电压为_____V。

（4）探究 RT 电阻温度过低时，NTC 测温系统的状态

当 RT 电阻温度逐渐下降时，RT 电阻_____（增大/降低），A 点电势变大，处理器控制恢复加热。

实训二：PTC 加热温度控制实训

1. 实训设备认知

> 得分：_____ 评分规则：每空 1 分，少填、错填一空扣 1 分，共 14 分。

5.3.5 实训板认知

在标号对应空格处填写实训板组成部件的名称及作用。

实 训 板	序号	名称	作 用
	1		
	2		
	3		
	4		
	5		
	6		
	7		

2. 实训设备检查与准备

> 得分：_____ 评分规则：每项 1 分，少填、错填一项扣 1 分，共 10 分。

检查设备并规范操作后填写下表。

实训设备检查表

设　备	检　　　　查	结果 是否正常？
PTC 加热温度控制实训板	目测 PTC 元件是否正常	是□　否□
	目测热敏元件是否正常	是□　否□
	检查电源开关工作情况	是□　否□
	通电检查电压表显示情况	是□　否□
	连接口是否牢固、污损	是□　否□
	异常记录	
导线	目测外观无破损、用万用表检查通断情况	是□　否□
	阻值：（　　　）Ω	是□　否□
	异常记录	

3. 识读电路图

得分：_____　评分规则：每空 1 分，少填、错填一空扣 1 分，共 1 分。

识读电路图 5-3-6。

1）电路分析：开关闭合后，电流的流动方向，电源正极→开关→电流表→_____→电源负极。

2）电阻的制热功率计算公式为 $P = \dfrac{U^2}{R}$。PTC 低温时的电阻值较小，在电压不变的情况下，制热功率高，升温快；PTC 高温时的电阻值较大，在电压不变的情况下，制热功率低。最后制热量恰好等于散热量，PTC 温度保持不变。

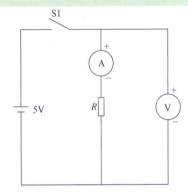

图 5-3-6　电路图

4. 电路搭建及验证

得分：_____　评分规则：每空 1 分，少填、错填一空扣 1 分，共 10 分；正确连接电路图得 3 分，视情况可扣 0~3 分，共 3 分；总分 13 分。

根据电路图正确连接电路模块。图 5-3-7 为模块和实训板。

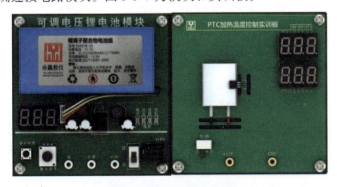

图 5-3-7　模块和实训板

5.3.6 实训板操作

注意： 连接电路前，确认电源开关处于断开状态。接线无误后，检查导线安装是否牢靠。

（1）探究PTC工作过程中，两端电压与流经电流的关系

闭合电源开关，将PTC加热器开关打开，观察电流表与电压表的读数变化。

PTC温度上升过程中，两端电压大小＿＿＿＿V，电流不断＿＿＿＿（增大/减小），由欧姆定律$R=U/I$可以得出，PTC的电阻随温度升高而＿＿＿＿（减小/增大）。PTC的制热功率$P=UI$，即加热初期，电路电流大，制热功率＿＿＿＿（大/小）。

（2）探究PTC状态稳定后，两端电压与流经电流的关系

PTC温度上升到＿＿＿＿℃，达到了稳定状态。两端电压为＿＿＿＿V，电流为＿＿＿＿A，此时PTC的电阻值为＿＿＿＿Ω。PTC的制热功率$P=$＿＿＿＿。

由此实验可以得知，PTC状态稳定后，制热功率＿＿＿＿（等于/不等于）损失在空气中热量的功率，此时，PTC温度保持恒定温度。

六、5S检查

得分：＿＿＿＿　　评分规则：每项1分，少填、错填一项扣1分，共5分。

5S待完成步骤	结合完成情况打勾
关闭电池开关，正确拆除导线	完成☐　未完成☐
检查设备完好情况以及电池电量	完成☐　未完成☐
清洁设备并归位	完成☐　未完成☐
清洁实训工位	完成☐　未完成☐
整理实训工单	完成☐　未完成☐

七、课后习题

得分：＿＿＿＿　　评分规则：每空1分，少填、错填一空扣1分，共10分。

1. 选择题

（1）正温度系数热敏电阻简称（　　）。

A. PTC　　　　　　B. NTC　　　　　　C. PTL　　　　　　D. PIC

（2）负温度系数热敏电阻简称（　　）。

A. PTC　　　　　　B. NTC　　　　　　C. PTL　　　　　　D. PIC

（3）NTC具有（　　）的优点。

A. 测量精度　　　　B. 灵敏度高　　　　C. 可靠性好、耐高温　　　　D. 以上都有

（4）NTC常作为（　　）传感器使用。

A. 电流　　　　　　B. 温度　　　　　　C. 电压　　　　　　D. 转速

（5）PTC在新能源汽车空调中作为（　　）使用。

A. 加热部件　　　　B. 冷却部件　　　　C. A和B都对　　　　D. 以上都不对

2. 判断题

（1）NTC 是一种负温度系数的热敏电阻。　　　　　　　　　　　　　　（　　）
（2）随温度升高，PTC 的电阻值变小。　　　　　　　　　　　　　　　（　　）
（3）NTC 温度传感器具有温度波动小、灵敏度高的特点。　　　　　　（　　）
（4）PTC 是一种负温度系数的热敏电阻。　　　　　　　　　　　　　　（　　）
（5）PTC 加热器具有低温时阻值小、高温时自动恒温的优点。　　　　（　　）

评分汇总

项　目		分数	
		总分	得分
一、课前资讯		5	
二、任务实施	实训一　NTC 测温控制实训	42	
	实训二　PTC 加热温度控制实训	38	
三、5S 检查		5	
四、课后习题		10	
任务总分		100	

任务四　CAN 总线控制原理

一、任务目标

◆ 能描述 CAN 总线系统及 CAN 总线的优点。
◆ 能够掌握 CAN 总线的结构组成与工作原理。
◆ 能使用示波器测量 CAN 总线数据的波形。
◆ 能根据波形分析出 CAN 总线工作状态。
◆ 正确规范地使用实训板，养成良好的新能源汽车维修职业素养。

二、课前资讯

由老师播放 5.4.1 视频，然后完成以下题目。

得分：_____　　评分规则：每空 2 分，少填、错填一空扣 2 分，共 10 分。

1）CAN 是控制器局域网络的简称。　　　　　　　　　　　　　　　　（　　）
2）CAN 总线传输的是一种数字信号。　　　　　　　　　　　　　　　（　　）
3）CAN 总线传输不需要抗干扰的设计。　　　　　　　　　　　　　　（　　）
4）CAN 总线传输需要特定的协议。　　　　　　　　　　　　　　　　（　　）
5）新能源汽车 CAN 总线技术应用广泛。　　　　　　　　　　　　　（　　）

三、任务导入

新能源汽车逐步朝向智能化发展，汽车电子化的程度越来越高，电子控制模块之间交换的数据量也越来越大。目前新能源汽车上普遍采用 CAN 总线系统交换数据，各电子系统的数据信息能够实时共享，同时减少线束的使用数量。

本任务实训通过搭建电路，学习 CAN 总线系统的组成及控制原理，并通过规范的操作养成良好的职业素养。

四、知识准备

知识链接 1：CAN 总线的认知

CAN 总线英文全称为 Controller Area Network，即控制器局域网，是目前汽车上使用最广泛的总线之一。CAN 总线最早应用在汽车的动力控制系统中，用于动力系统电子控制单元（ECU）之间交换信息。一个由 CAN 总线构成的网络单元（图 5-4-1），理论上可以接出无数个节点。而在实际的应用中，节点数目会受到硬件的物理特性限制。

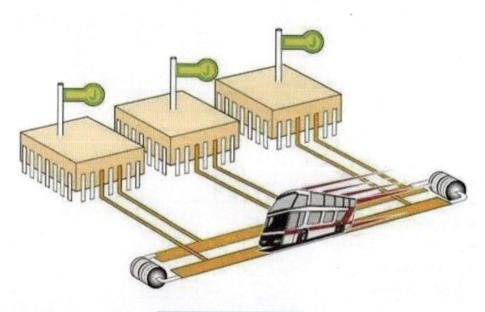

图 5-4-1　CAN 总线结构图

知识链接 2：应用 CAN 总线的优势

由于汽车各个系统需要实现数据互通，就需要非常多的线束连接，而使用大量的线束会造成成本升高和故障率增加。理论上使用 CAN 总线可以在两条线上面挂接无数个控制单元，这样就可以直接实现控制单元之间数据互通，减少了线束的使用，降低了故障率。为了保证各控制单元的信息及时传递，更好地控制车辆，所以对数据的传输速度有很高的要求。目前新能源汽车使用的 CAN 总线系统数据传输速度非常高，可达到 1Mbit/s，如图 5-4-2 所示。

项目五 新能源汽车控制器及传感器 147

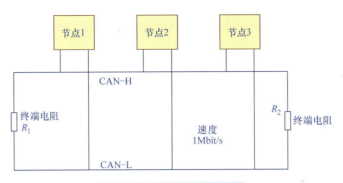

图 5-4-2 CAN 总线速度图

知识链接 3：CAN 总线的结构

CAN 总线系统的组成如图 5-4-3 所示。

收发器：具有接收和发送信息的功能，将控制器上传的二进制数据转变为高低电平信号，并将信号送到数据传输线。

终端电阻：防止数据在线的尽头端被反射，影响数据的正常传输。

传输线：双向数据线，由高、低双绞线组成。

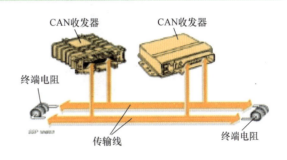

图 5-4-3 CAN 总线结构

知识链接 4：CAN 总线的工作原理

当某一个控制单元在 CAN 总线上发送数据时，它的数据会传送给 CAN 网络系统中所有的控制单元。对于其他控制单元来说，如果判断该数据有用，则会接收并处理；如果判断该数据无用，则会忽略。

不同的控制单元具有不同的优先等级，动力系统和安全系统的优先级最高。如果几个控制单元同时发送数据，优先级高的控制单元发出的数据优先被其他控制单元接收。

CAN 总线的数据特征：两根信号线电位差为 0V 时，表示逻辑 1；两根信号线电位差为 2V 时，表示逻辑 0。图 5-4-4 为 CAN 总线位电平特点。

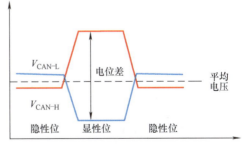

图 5-4-4 CAN 总线位电平特点

知识链接 5：CAN 总线在新能源汽车上的应用

新能源汽车的主要控制单元有车辆控制单元、整车网关、BMS、驱动电机控制单元、转向控制单元、充电系统控制单元、故障诊断控制单元、车身电器控制单元等。

车身动力系统：驱动电机控制单元通过 CAN 总线将驱动电机的转速、转矩、功率、电流和工作模式等数据发送到总线，其他控制单元会自动获取需要的信息，同时也会将各自的信息上传到总线。

充电管理系统：在给汽车动力蓄电池充电时，必须对充电系统有良好的控制，充电系统会通过 CAN 总线将充电过程中的电压、频率、电流、电量和时长等信息上传给 BMS。

BMS：电池管理模块 BMS 将温度传感器和电压传感器收集到的信号进行汇总分析，然后通过控制单元上传到 CAN 总线系统。车辆控制系统结合实际的电池状态，对车辆进行相应控制。

车身电器管理系统：新能源汽车的车窗控制系统使用 CAN 总线系统，四个车门控制单元实现信息共享，更方便地控制车窗，如图 5-4-5 所示。

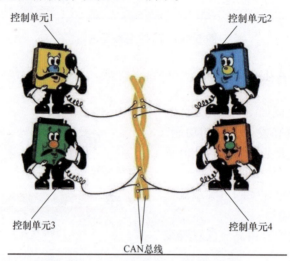

图 5-4-5　CAN 总线车窗控制示意图

五、任务实施

1. 实训设备认知

得分：_____　　评分规则：每空 1 分，少填、错填一空扣 1 分，共 36 分。

5.4.2 实训板认知

在标号对应空格处填写实训板组成部件的名称及作用。

实训板	序号	名称	作用
	1		
	2		
	3		
	4		
	5		
	6		
	7		
	8		
	9		
	10		

（续）

实训板	序号	名称	作用
	1		
	2		
	3		
	4		
	5		
	6		
	7		
	8		

2. 实训设备检查与准备

得分：_____　　评分规则：每项1分，少填、错填一项扣1分，共9分。

检查设备并规范操作后填写下表。

实训设备检查表

设备	检查	结果 是否正常？
可调电压锂离子蓄电池模块	目测四个电机是否正常	是□ 否□
	目测CAN收发器及相关元件是否正常	是□ 否□
	检查各开关工作情况	是□ 否□
	连接口是否牢固、污损	是□ 否□
	异常记录	
导线	目测外观无破损、用万用表检查通断情况	是□ 否□
	阻值：(　　)Ω	是□ 否□
	异常记录	

3. 识读电路图

识读电路图5-4-6。

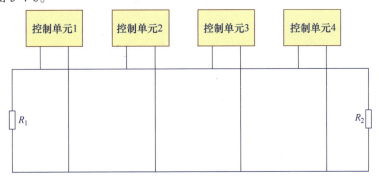

图5-4-6　电路图

1）发送信息时，控制单元将信息转化成二进制数据，使CAN产生相应的高低电平信号。

2）其他控制单元接收信息时，根据总线上高低电平信号转换成相应的二进制数据，执行相应功能。

4. 电路搭建及验证

> 得分：_____ 评分规则：填空1分一空，少填、错填一空扣1分，共4分；结论3分一空，少填、错填一空扣3分，共12分；正确连接电路图得4分，视情况可扣0~4分，共4分；总分20分

根据电路图正确连接电路模块。图5-4-7为模块、实训板和示波器。

5.4.3
实训板演示

图5-4-7　模块、实训板和示波器

注意：连接电路前，确认电源开关处于断开状态。接线无误后，检查导线安装是否牢靠。

（1）探究总线无断路的情况下，CAN总线的工作状态

拨动驾驶人侧控制开关，使CAN-H和CAN-L总线处于ON档位。接通电源后，按下驾驶人侧车窗开关控制任意车窗，对应位置的车窗电机指示灯_____（亮/不亮），并用示波器测量CAN-H和CAN-L电平。由此实验可以得知，_____。

（2）探究CAN-H存在断路故障的情况下，CAN总线的工作状态

拨动驾驶人侧开关，使CAN-H处于OFF档位，CAN-L总线处于ON档位。接通电源后，按下驾驶人侧车窗开关控制任意车窗，对应位置的车窗电机指示灯_____（亮/不亮），并用示波器测量CAN-H和CAN-L电平。由此实验可以得知，_____。

（3）探究CAN-L存在断路故障的情况下，CAN总线的工作状态

拨动驾驶人侧开关，使CAN-L处于OFF档位，CAN-H总线处于ON档位。接通电源后，按下驾驶人侧车窗开关控制任意车窗，对应位置的车窗电机指示灯_____（亮/不亮），并用示波器测量CAN-H和CAN-L电平。由此实验可以得知，_____。

（4）探究CAN-H和CAN-L同时存在断路的情况下，CAN总线的工作状态

拨动驾驶人侧开关，使 CAN-H 和 CAN-L 总线处于 OFF 档位。接通电源后，按下驾驶人侧车窗开关控制任意车窗，对应位置的车窗电机指示灯_____（亮/不亮），并用示波器测量 CAN-H 和 CAN-L 电平。由此实验可以得知，_____。

六、5S 检查

得分：_____ 评分规则：每项 1 分，少填、错填一项扣 1 分，共 5 分。

5S 待完成步骤	结合完成情况打勾
关闭电池开关，正确拆除导线	完成□ 未完成□
检查设备完好情况以及电池电量	完成□ 未完成□
清洁设备并归位	完成□ 未完成□
清洁实训工位	完成□ 未完成□
整理实训工单	完成□ 未完成□

七、课后习题

得分：_____ 评分规则：每空 2 分，少填、错填一空扣 2 分，共 20 分。

1. 选择题

（1）理论上 CAN 总线系统可以连接（　　）个节点。
A. 30　　　　　　　B. 50　　　　　　　C. 100　　　　　　　D. 无数

（2）CAN 通信最高速度可以达到（　　）。
A. 1Mbit/s　　　　B. 5Mbit/s　　　　C. 500kbit/s　　　　D. 50kbit/s

（3）技师甲说，CAN 系统使用双向数据线，需要将两条线绕起来，可以抵消干扰。技师乙说，不需要将两条线绕起来，不会有干扰存在。（　　）
A. 甲对　　　　　　B. 乙对　　　　　　C. 甲乙都对　　　　D. 甲乙都不对

（4）技师甲说，CAN 总线的终端电阻作用是防止数据在线的尽头端被反射，影响数据的正常传输。技师乙说，终端电阻是防止系统有大电流的出现，防止用电设备损坏。（　　）
A. 甲对　　　　　　B. 乙对　　　　　　C. 甲乙都对　　　　D. 甲乙都不对

（5）技师甲说，CAN 总线如果有一条线断路，另一条还可以正常工作，不影响使用。技师乙说，CAN 总线如果有一条线断路，另一条则不能工作。（　　）
A. 甲对　　　　　　B. 乙对　　　　　　C. 甲乙都对　　　　D. 甲乙都不对

2. 判断题

（1）使用 CAN 总线可以实现各控制单元之间交换信息。（　　）
（2）CAN 总线具有可靠性好、故障率低、速度快的优点。（　　）
（3）两根信号线电压差为 0V 时，表示逻辑 0。（　　）
（4）如果几个控制单元同时发送数据，不同优先级的控制单元发出的数据同时被其他控制单元接收。（　　）
（5）终端电阻的作用是防止数据在线的尽头端被反射，以免影响数据的正常传输。（　　）

评分汇总

项 目		分数	
		总分	得分
一、课前资讯		10	
二、任务实施	1. 实训设备认知	36	
	2. 实训设备检查与准备	9	
	3. 识读电路图	0	
	4. 电路搭建及验证	20	
三、5S 检查		5	
四、课后习题		20	
任务总分		100	

参 考 文 献

[1] 敖东光，宫英伟，陈荣梅. 电动汽车结构原理与检修 [M]. 北京：机械工业出版社，2017.
[2] 陈黎明，王小晋. 电动汽车结构原理与故障诊断 [M]. 北京：机械工业出版社，2015.
[3] 徐艳民. 电动汽车动力电池及电源管理 [M]. 北京：机械工业出版社，2014.
[4] 贾利军、尹力卉. 新能源汽车概论 [M]. 北京：机械工业出版社，2017.
[5] 王震坡，孙逢春，刘鹏. 电动汽车原理与应用技术 [M]. 北京：机械工业出版社，2016.
[6] 吴晓刚，周美兰. 电动汽车技术 [M]. 北京：机械工业出版社，2018.
[7] 崔胜民. 新能源汽车技术解析 [M]. 北京：化学工业出版社，2016.
[8] 姜久春. 电动汽车充电技术及系统 [M]. 北京：北京交通大学出版社，2017.

读者服务

机械工业出版社立足工程科技主业,坚持传播工业技术、工匠技能和工业文化,是集专业出版、教育出版和大众出版于一体的大型综合性科技出版机构。旗下汽车分社面向汽车全产业链提供知识服务,出版服务覆盖包括工程技术人员、研究人员、管理人员等在内的汽车产业从业者,高等院校、职业院校汽车专业师生和广大汽车爱好者、消费者。

一、意见反馈

感谢您购买机械工业出版社出版的图书。我们一直致力于"以专业铸就品质,让阅读更有价值",这离不开您的支持!如果您对本书有任何建议或意见,请您反馈给我。我社长期接收汽车技术、交通技术、汽车维修、汽车科普、汽车管理及汽车类、交通类教材方面的稿件,欢迎来电来函咨询。

咨询电话:010-88379353　　编辑信箱:cmpzhq@163.com

二、课件下载

选用本书作为教材,免费赠送电子课件等教学资源供授课教师使用,请添加客服人员微信手机号"13683016884"咨询详情;亦可在机械工业出版社教育服务网(www.cmpedu.com)注册后免费下载。

三、教师服务

机工汽车教师群为您提供教学样书申领、最新教材信息、教材特色介绍、专业教材推荐、出版合作咨询等服务,还可免费收看大咖直播课,参加有奖赠书活动,更有机会获得签名版图书、购书优惠券。

加入方式:搜索QQ群号码317137009,加入机工汽车教师群2群。请您加入时备注院校+专业+姓名。

四、购书渠道

机工汽车小编
13683016884

我社出版的图书在京东、当当、淘宝、天猫及全国各大新华书店均有销售。

团购热线:010-88379735
零售热线:010-68326294　88379203